Simposio Iberoamericano en Programacion Informatica 2016 (SIIPRIN'2016)

Riobamba, Ecuador
30 Junio – 1 Julio 2016

Editors:

Omar S. Gomez
Gloria Arcos
Eduardo Villa
Lorena Aguirre
Raul H. Rosero
Blanca Hidalgo

ISBN: 978-1-5108-2341-9

Printed from e-media with permission by:

Curran Associates, Inc.
57 Morehouse Lane
Red Hook, NY 12571

Some format issues inherent in the e-media version may also appear in this print version.

Printed by Curran Associates, Inc. (2016)

Escuela Superior Politecnica de Chimborazo
Panamericana Sur km 1 1/2
Riobamba - Ecuador
Postal Code: EC060155

Phone: 593 (03) 2 998-200
Fax: (03) 2 317-001

http://www.espoch.edu.ec/

Additional copies of this publication are available from:

Curran Associates, Inc.
57 Morehouse Lane
Red Hook, NY 12571 USA
Phone: 845-758-0400
Fax: 845-758-2633
Email: curran@proceedings.com
Web: www.proceedings.com

Prefacio

El Simposio Iberoamericano en programación Informática (SIIPRIN'2016) representa un foro de encuentro Iberoamericano de investigadores y profesionales dedicados al estudio e investigación de los distintos aspectos involucrados en la programación informática. Su propósito fundamental es fomentar el contacto, la cooperación científica y profesional en esta temática.

SIIPRIN'2016 ha reunido a un número importante de asistentes, para dar a conocer a la comunidad y a la sociedad la existencia de un espacio de divulgación científico relacionado con la programación informática.

El SIIPRIN surge de la necesidad de crear y mantener un foro de discusión entre científicos, académicos y profesionales interesados en el estudio e investigación de la programación informática en nuestra sociedad así como en la educación superior. En este simposio se facilitará un punto de encuentro para presentar, diseminar y discutir resultados de investigaciones en curso o realizadas en torno a esta temática. Como objetivo implícito, se pretende fomentar la colaboración entre los distintos interesados donde se espera incentivar el desarrollo de una base científica en este campo.

En esta edición se han recibido 23 trabajos de los cuales en base a las revisiones hechas por los miembros del comité de programa se han seleccionado 12; la tasa de aceptación ha sido del 52 %. En esta edición se ha tenido la participación de colegas de diferentes países como Colombia, Cuba, Ecuador, España, México, Paraguay y Perú.

Los editores de este libro de actas agradecen la participación de quienes eligieron SIIPRIN'2016 para la difusión de sus trabajos técnicos; también agradecemos a los miembros del comité de programa su valiosa colaboración en el proceso de revisión. Estamos seguros que sus recomendaciones fueron valoradas positivamente por los autores de los trabajos aceptados, así como serán valoradas de forma positiva por aquellos autores cuyos trabajos no han sido seleccionados en esta edición.

O. S. Gómez, G. Arcos, E. Villa, L. Aguirre, R. H. Rosero, y B. Hidalgo
Grupo de Investigación GrIISoft, FIE-ESPOCH
junio 2016, Riobamba, Ecuador

Organización

SIIPRIN'2016 es organizado por el grupo de investigación en ingeniería de software (GrIISoft) de la Facultad de Informática y Electrónica de la Escuela Superior Politécnica de Chimborazo.

Comité permanente

Omar S. Gómez	Escuela Superior Politécnica de Chimborazo (Ecuador)
Gloria Arcos	Escuela Superior Politécnica de Chimborazo (Ecuador)
Lorena Aguirre	Escuela Superior Politécnica de Chimborazo (Ecuador)
Raúl H. Rosero	Escuela Superior Politécnica de Chimborazo (Ecuador)
Eduardo Villa	Escuela Superior Politécnica de Chimborazo (Ecuador)

Comité local

Omar S. Gómez	Escuela Superior Politécnica de Chimborazo (Ecuador)
Gloria Arcos	Escuela Superior Politécnica de Chimborazo (Ecuador)
Lorena Aguirre	Escuela Superior Politécnica de Chimborazo (Ecuador)
Blanca Hidalgo	Escuela Superior Politécnica de Chimborazo (Ecuador)
Raúl H. Rosero	Escuela Superior Politécnica de Chimborazo (Ecuador)
Eduardo Villa	Escuela Superior Politécnica de Chimborazo (Ecuador)

Program Chair

Omar S. Gómez	Escuela Superior Politécnica de Chimborazo (Ecuador)

Comité de programa

Antonio A. Aguileta	Universidad Autónoma de Yucatán (México)
Gloria Arcos	Escuela Superior Politécnica de Chimborazo (Ecuador)
Marianella Aveledo Mayz	Universidad Simón Bolívar (Venezuela)
Mauro C. Cuervo	Univ. Pedagógica y Tecnológica de Colombia (Colombia)
Diego U. Carranza	Universidad de Guadalajara (México)
Dante Carrizo	Universidad de Atacama (Chile)
John W. Castro	Universidad de Atacama (Chile)
Enrique Chavarriaga	B2T Concept I+D+i S.L. (España)
Iván Claros	Axon Group (Colombia)
Óscar Dieste	Universidad Politécnica de Madrid (España)
Edison Espinosa	Universidad de las Fuerzas Armadas ESPEL (Ecuador)
Ailyn Febles Estrada	Universidad de las Ciencias Informáticas (Cuba)
Juan Marcelo Ferreira	Cámara de Senadores, Poder Legislativo de la República del Paraguay (Paraguay)
Efraín R. Fonseca	Universidad de las Fuerzas Armadas ESPE (Ecuador)
José Gallardo Arancibia	Universidad Católica del Norte (Chile)
Jesús J. García Molina	Universidad de Murcia (España)
Omar S. Gómez	Escuela Superior Politécnica de Chimborazo (Ecuador)
Rubén González Crespo	Universidad Internacional de La Rioja (España)
Anna C. Grimán	Universidad Simón Bolívar (Venezuela)
Maricela Jimenez	Universidad de Guadalajara (México)
Miguel Katrib Mora	Universidad de La Habana (Cuba)
Alicia Mon	Universidad Nacional de la Matanza, Inst. Tec. de Buenos Aires (ITBA) (Argentina)
Carlos Monsalve	Escuela Superior Politécnica del Litoral (Ecuador)
César J. Pardo	Universidad del Cauca (Colombia)
Claudia Pons	Universidad Nacional de la Plata (Argentina)
Francy D. Rodríguez	Swissport (España)
Glen Rodríguez	Universidad Nacional de Ingeniería (Perú)
Raúl H. Rosero	Escuela Superior Politécnica de Chimborazo (Ecuador)
Pedro O. Rossel	Universidad Católica de la Santísima Concepción (Chile)
Nicolay Samaniego	Escuela Superior Politécnica de Chimborazo (Ecuador)
Antonio Silva Sprock	Universidad Central de Venezuela (Venezuela)
Martin Solari	Universidad ORT (Uruguay)
David Mauricio	Universidad Nacional Mayor de San Marcos (Perú)
Ricardo Timaran Pereira	Universidad de Nariño (Colombia)
Juan P. Ucán	Universidad Autónoma de Yucatán (México)
Omar A. Vega	Universidad de Manizales (Colombia)
J. Ángel Velázquez	Universidad Rey Juan Carlos (España)
Raúl A. Vera	Universidad Autónoma de Yucatán (México)

Entidades auspiciantes

- Facultad de Informática de la Escuela Superior Politécnica de Chimborazo.
- Grupo de Investigación en Ingeniería de Software (GrIISoft) de la Escuela Superior Politécnica de Chimborazo.

Índice de Contenido

Modelo para la enseñanza de desarrollo de aplicaciones móviles basadas en Android

José Eder Guzmán-Mendoza, y Cesándari Román-Valdez

Universidad Politécnica de Aguascalientes, Dirección de Posgrado e Investigación, Calle Paseo San Gerardo No. 207 Fracc. San Gerardo, 20342, Aguascalientes, Ags., México
{jose.guzman, cesandari.roman}@upa.edu.mx
http://www.upa.edu.mx

Resumen. Actualmente existen diversas dificultades que enfrentan los profesores para la enseñanza de la programación. Estas dificultades están asociadas a la diversidad de paradigmas y las tendencias de los enfoques asociados a un lenguaje determinado. Esta situación plantea la necesidad de crear entornos de enseñanza-aprendizaje propicios a la adquisición de competencias de programación de maneras más efectivas. En este sentido, se propone un modelo que tiene como propósito crear un ambiente de enseñanza en donde los estudiantes puedan adquirir competencias de programación que les permitan desarrollar aplicaciones móviles basadas en Android.

1 Introducción

Un tema de investigación en los últimos años se centra en superar las dificultades que enfrentan estudiantes y profesores en la enseñanza-aprendizaje de la programación. Aprender a programas exige en los estudiantes un esfuerzo y motivación. Sin embargo, según [1] los estudiantes novatos en programación no son capaces de hacer frente a las dificultades naturales asociadas al aprendizaje de la programación.

La era digital ha permitido que la ciencia y la tecnología se desarrollen muy rápido. Por tal razón es importante formar estudiantes con un sentido de innovación, especialmente en temas relacionados al desarrollo tecnológico que involucre utilización de lenguajes de programación.

Bajo este contexto, en el presente trabajo se propone un modelo que tiene como propósito crear un ambiente virtual de enseñanza en donde los estudiantes puedan adquirir competencias de programación que les permitan desarrollar aplicaciones móviles basadas en Android.

1.1 Enseñanza de la Programación

Con el nacimiento de los primeros lenguajes de programación, han surgido diferentes enfoques y tendencias para la enseñanza de la programación. Actualmente, no existe un consenso en los mejores métodos para la enseñanza efectiva de la programación [2]. Los diferentes paradigmas de programación a su vez emplean diversidad de enfoques de enseñanza. Esta diversidad presenta algunos inconvenientes como asociar conceptos básicos de la programación a un lenguaje determinado, y que cuando el estudiante migra a otros contextos o paradigmas de programación, tiene que volver a asociar estos conceptos.

Esta situación permite comprender la complejidad que implica transferir de una manera efectiva las competencias de programación a los estudiantes. Así, el reto en la enseñanza de la programación requiere además de metodologías de programación, diseñar y modelar escenarios o ambientes de enseñanza-aprendizaje propicios para que los estudiantes puedan adquirir estas competencias de manera efectiva, gradual y transversal.

1.2 Desarrollo de Aplicaciones Móviles

Los dispositivos móviles como los "Smarthphones" y "Tablets" están siendo ampliamente utilizados en los campus universitarios, lo que indica que la informática se encuentra en una evolución más en un entorno móvil. Por lo tanto, el programador del futuro tendrá que ser consiente de las consideraciones especiales que debe de tener en cuenta al desarrollar aplicaciones para dispositivos móviles [3].

El crecimiento del uso y acceso a dispositivos móviles ha puesto de manifiesto un gran estimulante para que los desarrolladores de aplicaciones de escritorio se esfuercen en llevar estar versiones a los dispositivos móviles. Sin embargo, a diferencia de las aplicaciones de escritorio, las aplicaciones móviles presentan enormes limitaciones que proporcionan los entornos móviles, así como los mismos dispositivos en los que se ejecutan. Este escenario representa a los desarrolladores retos interesantes que requieren de soluciones más que brillantes, innovadoras y creativas.

2 Modelo para la Enseñanza de Desarrollo de Aplicaciones Móviles Basadas en Android

La programación es una actividad que implica un proceso mental, que generalmente es complejo y creativo, que exige al programador inteligencia, conocimiento, habilidades y disciplina. En la literatura se ha creado una discusión por establecer la mejor manera de enseñar a programar a los estudiantes. Lo que es un hecho es que la adquisición del conocimiento se logra estudiando los conceptos, fundamentos y las técnicas básicas de programación [4]. No obstante, los modelos educativos tradicionales, se basan en ambientes presenciales en donde el profesor expone los temas y orienta al estudiante a resolver y aclarar sus dudas. El éxito de estos modelos se encuentra en función a la capacidad y experiencia del profesor.

En este sentido, es necesario trasladar los modelos de enseñanza a los ambientes virtuales para aprovechar las ventajas y beneficios derivados de estos espacios. En estos espacios, el profesor no es el único responsable de transmitir el conocimiento, atrás de él se encuentra un equipo tecnológico y pedagógico que apoya en la creación de los procesos de enseñanza-aprendizaje para incrementar las posibilidades de éxito en el logro de las competencias de programación por parte de los estudiantes.

En la Fig. 1 se propone un modelo que tiene como propósito crear un ambiente de enseñanza en espacios virtuales en donde los estudiantes puedan adquirir competencias de programación que les permitan desarrollar aplicaciones móviles basadas en Android.

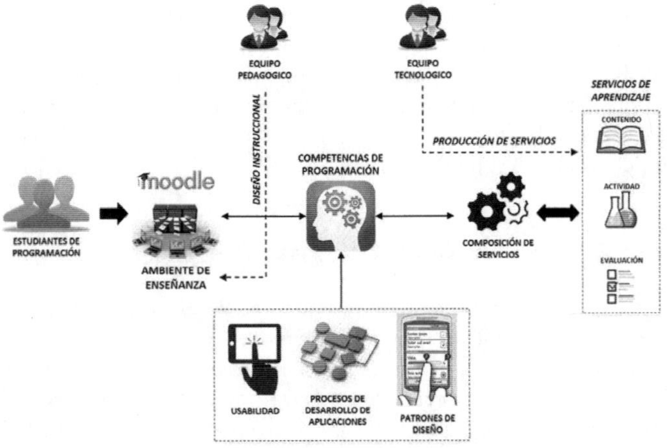

Fig. 1. Modelo para la Enseñanza de Desarrollo de Aplicaciones Móviles Basadas en Android

El modelo propuesto se desarrolla en ambientes virtuales aprovechando las ventajas que ofrecen los mismos, por ejemplo, acceso continuo a los contenidos, comunicación 1 a 1 con los facilitadores, etc. Las competencias de programación se presentan como el eje clave del cual se deriva el desarrollo del ambiente de aprendizaje, es decir, los cursos y su contenido son diseñados en función a la especificación de las competencias de programación. También, las competencias de programación se pueden interpretar como los requisitos en un contexto de Ingeniería de Software. Los servicios de aprendizaje son pequeñas unidades individuales de aprendizaje que mediante un proceso de composición de servicios pueden construir un complejo flujo o proceso de aprendizaje que permite adquirir de manera dinámica, gradual y eficiente una competencia de programación.

Para la enseñanza de desarrollo de aplicaciones móviles es necesario adaptar algunas metodologías o procesos de desarrollo de software. Adicional a esto, el estudiante debe de comprender los conceptos de Usabilidad y Patrones de Diseño para que sea capaz de desarrollar aplicaciones que mejoren la experiencia del usuario.

El modelo también contempla el trabajo colaborativo de equipo pedagógico y tecnológico para crear una mejor experiencia de aprendizaje del estudiante dentro del ambiente virtual de aprendizaje.

En las siguientes subsecciones se hace una descripción más a detalle de algunos de los componentes importantes para este foro.

2.1 Competencias de Programación

Las competencias de programación hacen referencia a la buena comprensión y amplio conocimiento sobre la naturaleza y función de los lenguajes de programación, asimismo, el estudiante de programación debe comprender las posibilidades que los lenguajes de programación ofrecen como herramienta de apoyo a la creatividad e innovación. En este sentido, mientras más tiempo pasa un estudiante aplicando los conceptos de la programación, va adquiriendo más habilidades de programación que le permiten transitar de manera más eficiente a los niveles avanzados, lo que implica que el estudiante pueda diseñar y programar algoritmos más complejos. Las competencias de programación facilitan la creación de los ambientes de enseñanza, debido a que una competencia de programación se puede transformar en un módulo de aprendizaje dentro de un curso en línea.

2.2 Servicios de Aprendizaje para la Programación

En el contexto de la ciencia de servicios, Spohrer & Riechen [5] definen un servicio como una actividad económica ofrecida por un proveedor a un consumidor, empleando tiempo para traer valor a los clientes o sus objetos. En base a esta definición, se establece que un servicio de aprendizaje para la programación es una actividad de aprendizaje ofrecida a un estudiante que a través del tiempo incrementa y fortalece las competencias de programación.

Un servicio de aprendizaje ofrece una experiencia de usuario efectiva para lograr un aprendizaje significativo al estudiante que está aprendiendo algún lenguaje de programación. De acuerdo con [6], los servicios de aprendizaje se clasifican en tres tipos:

Servicio de Contenido: estos servicios están organizados y estructurados como un conjunto de saberes, conocimientos, habilidades y competencias que deben de aprender los estudiantes.

Servicio de Actividad: estos servicios son todas aquellas acciones y tareas que deben ser realizadas por el estudiante como parte del proceso de adquisición de competencias. Estos servicios ayudan a fortalecer los saberes, conocimientos, habilidades y competencias de programación.

Servicio de Evaluación: estos servicios sirven como instrumentos para medir el nivel de dominio de las competencias de programación de un estudiante, y que a través de los cuales es posible detectar las fallas de aprendizaje para realizar los ajustes necesarios dentro del proceso de adquisición de competencias.

2.3 Usabilidad en Aplicaciones Móviles

La Usabilidad es un atributo de calidad relacionado con la eficiencia, la eficacia y la satisfacción de los usuarios finales cuando interactúan con un sistema [7]. En este sentido, la Usabilidad se presenta como uno de los elementos fundamentales para el éxito de las aplicaciones móviles. Por esta razón, dentro de la enseñanza del desarrollo de las aplicaciones móviles es vital que a los estudiantes se les familiarice en con este concepto para que puedan diseñar aplicaciones capaces de satisfacer las necesidades de los usuarios de una manera rápida y sencilla.

Otro concepto que se debe de enseñar a los estudiantes tiene que ver con las pruebas de usabilidad. Las pruebas de usabilidad son definidas como el proceso de aprendizaje de los usuarios acerca de la facilidad de uso de un producto mediante la observación de ellos utilizando el producto [8].

2.4 Patrones de Diseño para Aplicaciones Móviles

Los patrones de diseño en el contexto móvil son utilizados para diseñadores de interacción que necesitan resolver dudas sobre diseño y los patrones de comportamiento típicos que se dan en las aplicaciones móviles.

Cuando se desarrolla una aplicación móvil para Android, es importante tener claro la interfaz de usuario y su comportamiento. Los estudiantes que comienzan en el mundo de la programación orientada a móviles, pueden encontrarse con algunas dudas sobre los elementos del diseño de la interfaz. Para resolver las dudas sobre el diseño típicos de aplicaciones en Android, existe la web "Android Patterns[1]" como un espacio que recopila patrones de diseño.

En este sentido, es necesario que un estudiante que quiera desarrollar aplicaciones móviles deba de aprender acerca de los patrones de diseño, específicamente los que ofrece Android con el propósito de desarrollar aplicaciones con una interfaz de usuario que se asemeje a los estándares del sistema operativo Android que mejore la experiencia del usuario.

3 Estrategia de Implementación del modelo

La implementación se realizará en modalidad a distancia dentro de Moodle. Como se observa en la Fig. 2, se crearan 3 cursos que cubran los niveles básico, intermedio y avanzado. Cada curso estará compuesto por una serie de módulos, en donde cada modulo corresponde a una competencia de programación a desarrollar. De igual manera, cada módulo estará compuesto por una serie temas específicos. Así cada tema específico será cubierto por una serie de servicios de aprendizaje que pueden ser servicios de contenido, servicios de actividad y servicios de evaluación.

[1] Link: http://www.androidpatterns.com/

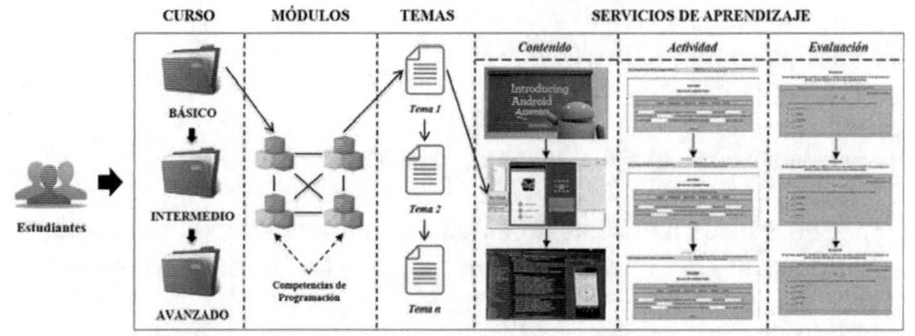

Fig. 2. Vista de la Estructura del Ambiente de Enseñanza para el Desarrollo de Aplicaciones Móviles Basadas en Android

3.1 Validación de las Competencias de Programación

El desarrollo de las aplicaciones móviles debe de favorecer la formación en el sentido de la innovación de los estudiantes que les permita satisfacer necesidades de desarrollo social. Por esta razón, como método de validación de las competencias de programación, el estudiante debe de desarrollar una aplicación móvil basada en Android que tenga un enfoque educativo, específicamente, una aplicación móvil que sirva como apoyo en la enseñanza de las ciencias.

Esta aplicación móvil se considera como una evidencia que avala la adquisición de las competencias debido a que implica que el estudiante aplique efectivamente los conceptos de programación en cada una de las etapas de desarrollo.

En el curso básico, el estudiante propone el objetivo general de su aplicación móvil y realiza un prototipo de la interface de usuario tipo bosquejo. En el curso intermedio, el estudiante integra conceptos de usabilidad y patrones de diseño a la interfaz de usuario. En el curso avanzado, el estudiante desarrolla la aplicación móvil aplicando los conceptos aprendidos.

4 Caso de estudio: Competencias Básicas de Programación.

Como se ha comentado en las secciones anteriores, el modelo se ha implementado de manera parcial, cubriendo únicamente el nivel básico. En este sentido, se presenta como caso de estudio la implementación del curso básico.

Para desarrollar las competencias de programación en nivel básico se diseñó un plan de especificación de las mismas. El plan de especificación tiene la finalidad de desagregar las competencias básicas en logros. De igual manera, la desagregación de competencias permitió el desarrollo de los servicios de aprendizaje. También, el verbo utilizado en la competencia de programación determina la complejidad del tipo de servicios de actividad y de evaluación a implementar.

Para la especificación de las competencias de programación se utilizó la taxonomía de Kendall y Marzano [9], la cual es recomendada para los modelos por competencias. En este sentido, se definieron 4 competencias correspondientes al curso básico (ver Tabla 1).

Tabla 1. Definición de Competencias básicas de Programación

Competencia	Descripción
Módulo 1.	Conocer los conceptos básicos de la programación Orientada a Objetos con la finalidad de contar con las bases necesarias para desarrollar aplicaciones en Android Studio
Módulo 2	Distinguir los pasos de instalación de Android Studio a través de la diferenciación de los pasos de descarga, instalación y ejecución con la finalidad de contar con Android Studio configurado para trabajar
Módulo 3	Desarrollar una aplicación sencilla en Android Studio con el objetivo de que el alumno comience a identificar el ambiente para desarrollar uno más complejo de Android Studio.
Módulo 4	Desarrollar la aplicación de calculadora en Android Studio con la finalidad de incrementar el grado de dificultad en el ambiente de desarrollo de Android Studio.

A continuación, en la Tabla 2 se ejemplifica el plan de especificación para el desarrollo de la competencia de programación del módulo 3.

Tabla 2. Competencia Módulo 3. Desagregación por Temas y Servicios de Aprendizaje

Módulo 3	Temas	Logros de la Competencia (acciones)	Evidencias/Proceso cognitivo	Servicios de Aprendizaje
Desarrollar una aplicación sencilla en Android Studio con el objetivo de que el alumno comience a identificar el ambiente para desarrollar uno más complejo de Android Studio.	3.1 Asistente para la creación de una aplicación. 3.2 Panorama general del proyecto. 3.3 La interfaz gráfica. 3.4 Código Java 3.5 Creación de un emulador. 3.6 Configuración de un equipo físico. 3.7 Ejecución de la aplicación. 3.8 Mejorando el desempeño. 3.9 Intel x86 Emulator Accelerator. 3.10 Instalación directa de la aplicación.	Desarrollo de una aplicación completa en Android Studio. Configuración de variables de entorno y de sistema. Identificación de la aplicación en un ambiente simulado y en un dispositivo físico.	E1: Desarrollo de aplicación móvil en Android Studio	SC1: Introducción al Desarrollo de Aplicaciones con Android Studio. SC2: Desarrollo de Aplicación para entorno Android mediante diversas opciones del ambiente de desarrollo de Android Studio. SA: Desarrollo de Aplicación "Calculadora" SE: "Desarrollo de Calculadora"

La Fig. 3 muestra la interfaz gráfica del Servicio de Actividad: Desarrollo de Aplicación "Calculadora", dentro de una plataforma virtual en Moodle.

Fig. 3. Interfaz del Servicio de Actividad: Desarrollo de Aplicación "Calculadora"

5 Conclusiones

La enseñanza de la programación es de vital importancia para desarrollar en los estudiantes de cualquier área de conocimiento procesos cognitivos complejos y con un sentido de creatividad e innovación. No obstante, estos procesos son complejos y los modelos tradicionales de enseñanza-aprendizaje tienen limitaciones para solventar estos problemas. Así, se propuso un modelo que busca ser una nueva alternativa para la enseñanza de la programación de aplicaciones móviles, específicamente en sistemas Android. Este modelo tiene sus fundamentos en el aprovechamiento de las ventajas de los ambientes virtuales de aprendizaje y el trabajo colaborativo para mejorar la experiencia de aprendizaje y facilitar la transferencia de las competencias de programación.

Referencias

1. A. Gomes and A. Mendes, "A teacher's view about introductory programming teaching and learning: difficulties, strategies and motivations.," *IEEE*, 2014.
2. A. Dasso, "Teaching Programming," *Proc. Las Prim. Jornadas Educ. En Informática TICS*, pp. 183–187, 2005.
3. Q. H. Mahmoud and P. Popowicz, "A Mobile Application development Approach to Teaching Introductory Programming," *40th ASEEIEEE Front. Educ. Conf.*, 2010.
4. N. Tillmann, J. Halleux, T. Xie, S. Gulwani, and J. Bishop, "Teaching and Learning Programming and Software Engineering via Interactive Gaming," *IEEE*, 2013.
5. J. Spohrer and D. Riechen, "Service Science," *Comun. ACM*, vol. 49, no. 7, pp. 30–34, 2006.
6. J. E. Guzmán-Mendoza, J. Muñoz-Arteaga, Á. E. Muñoz-Zavala, and R. Santaolaya-Salgado, "An Interactive Ecosystem of Digital Literacy Services: Oriented to Reduce the Digital Divide," *IJITSA*, vol. 8, no. 2, p. 13.31, 2015.
7. Y. I. Ormeño, J. I. Panach, N. Condori-Fernández, and Ó. Pastor, "Towards a Proposal to Capture Usability Requirements through Guidelines," *Res. Challenges Inf. Sci.*, vol. IEEE Seventh International Conference, 2013.

8. C. M. Barnum, "Usability Testing and Research," *New York Longman Publ.*, 2002.
9. K. E. Gallardo-Córdova, "La Nueva Taxonomía de Marzano y Kendall: una alternativa para enriquecer el trabajo educativo desde su planeación," *Man. Nueva Taxon. Marzano Kendall*, 2009.

GitHub en la educación: monitoreando proyectos de programación

Javier Salazar[1], Blanca Hidalgo[2], Narcisa Salazar[2], y Byron Vaca[2]

[1] eduKlip,
Riobamba, Ecuador
javier.salazar@eduklip.com
http://www.eduklip.com
[2] Escuela Superior Politécnica de Chimborazo,
Riobamba, Ecuador
{blanca.hidalgo, narcisa.salazar,
byron.vaca}@espoch.edu.ec
http://www.espoch.edu.ec

Resumen. El proyecto de fin de curso es uno de los instrumentos de enseñanza y aprendizaje ampliamente utilizado por los docentes en las carreras de ingeniería para fortalecer el afianzamiento de conocimientos y potenciar cualidades como la creatividad, el ingenio y principalmente el trabajo en equipo. Los métodos tradicionales utilizados por los docentes no permiten mitigar los problemas inherentes a la ejecución de los proyectos de fin de curso y potenciar las bondades intrínsecas a su ejecución convergiendo hacia una educación formativa. En este estudio se propone la utilización de un método para el seguimiento de los proyectos de fin de curso de materias de lenguajes de programación soportado tecnológicamente por GitHub. El estudio ha permitido determinar que su utilización evidentemente mejora el proceso de seguimiento de los proyectos.

1 Introducción

El uso del proyecto de fin de curso en materias de carreras de ingeniería es pertinente, no obstante su aplicación trae consigo algunos problemas. El proyecto es un trabajo en equipo, sin embargo, algunos estudiantes no llegan a beneficiarse de él. Su esfuerzo sigue siendo individual.

El proyecto es un proceso, sin embargo, no es tratado como tal. Los proyectos se visibilizan a los evaluadores sólo días previos a la finalización del semestre.

Entendiendo las especificidades que mantiene un proyecto de Lenguajes de Programación, en el que una aplicación con líneas de código aportadas por cada uno de los miembros del equipo es el producto resultante, el presente trabajo de investigación pretende definir, proponer y validar un método para el seguimiento del proyecto de fin de curso, con el fin de mitigar los problemas inherentes a su ejecución. Como un apoyo tecnológico y a la vez como una parte integrante del método, se utiliza "GitHub", la plataforma para versionamiento de archivos más popular del mercado de software y de uso gratuito para proyectos de código abierto.

Con el desarrollo del trabajo se pretende dar respuesta a la siguiente pregunta de investigación:

¿Permitirá un método de seguimiento de proyectos de fin de curso aplicado en la materia de Lenguajes de Programación y soportado por GitHub, mejorar la calidad de los proyectos en carreras de Ingeniería Electrónica en la Escuela Superior Politécnica de Chimborazo?

A pesar de que la estimación de la calidad es subjetiva para diferentes escenarios, el presente trabajo sugiere la estrategia de ponderación de la calidad de un proyecto de fin de curso en las materias de Lenguajes de Programación.

En la sección 2 se describe a GitHub, su importancia y estudios relacionados en el ámbito de la educación, adicionalmente se conceptualiza a un método. En la sección 3 se presenta y detalla el método propuesto, en la sección 4 se describe la metodología utilizada en el estudio para la aplicación y validación del nuevo método, en la sección 5 se discuten los resultados del estudio y finalmente en la sección 6 se presentan las conclusiones.

2 Antecedentes

GitHub es una plataforma web comercial lanzada en el año 2008 [1], diseñada para facilitar el almacenamiento centralizado, la trazabilidad y colaboración sobre archivos de proyectos. En su esencia registra los cambios sucedidos en el tiempo, de uno o varios archivos, con el fin de recuperar después versiones específicas de ellos, que son características propias de un sistema de control de versiones [2].
La plataforma está soportada por Git, una herramienta gratuita y de código abierto que se encuentra en la categoría de sistemas de control de versiones distribuido [3]. Actualmente mantiene más de 28.1 millones de repositorios [4] y soporta proyectos de importancia mundial en una gran variedad de lenguajes de programación [5].

GitHub es gratuito para proyectos de código abierto y es pagado, con un esquema de licenciamiento, para proyectos de ámbito privado.

La plataforma ha tenido una curva creciente de popularidad en las comunidades, especialmente de desarrolladores. Individuos y corporaciones utilizan a GitHub como la herramienta primaria para el control y versionamiento de sus proyectos de software.

Existen algunas experiencias documentadas acerca del uso de GitHub en el área de la educación, muchas de ellas en el ámbito de desarrollo del software en la cual los miembros de un equipo se benefician de la plataforma para lograr estrategias efectivas para coordinar proyectos, mejorar sus habilidades técnicas, e inclusive para gestionar su reputación [6]. Adicionalmente y referido por algunos autores [7], el uso de estas herramientas de versionamiento de código no está restringido únicamente a carreras o materias dedicadas al desarrollo de software.

Y aunque GitHub no está diseñado específicamente para la educación, su "naturaleza social y colaborativa, es un recurso consistente con la ideología de educación liberal" [8]. Sus creadores conscientes del impacto que la plataforma puede tener en el área de la educación han puesto a disposición un portal educativo, en el cual se estima que son ya 1.200 cursos y 70.000 estudiantes registrados para beneficiarse del servicio [9].

En el presente estudio se propone un método que incorpore a GitHub como el componente tecnológico que soporte el seguimiento de los proyectos de fin de curso. Las experiencias positivas del uso de GitHub y Git existentes en el ámbito de la educación [10], en la carrera de Ciencias de la Computación [11] y específicamente en materias de lenguajes de programación [12], motivan y respaldan su elección para la nueva propuesta.

Un método, como lo define la Real Academia de la Lengua es el "modo de decir o hacer con orden, modo de obrar o proceder, hábito o costumbre que cada uno tiene y observa" [13], puede ser visto como el "camino o procedimiento viable para conseguir un fin propuesto" [14] y difiere del concepto de metodología definido como "el estudio de los métodos" [15]. Un método refiere entonces la forma en la que se puede realizar una actividad, tarea o trabajo para alcanzar un objetivo particular y para ello puede pertenecer a alguno de los muchos tipos existentes en las diferentes áreas de conocimiento [16].

3 Propuesta

Entendido el objetivo de un método y habiendo respaldado el uso de la plataforma GitHub basado en experiencias positivas de su uso en el ámbito de la educación, en la siguiente sección se presenta la propuesta de un método para el seguimiento de proyectos de fin de curso en materias de Lenguajes de Programación utilizando GitHub, al cual se lo ha denominado como MESEPP. Este nuevo método ha sido aplicado a un grupo de estudiantes para verificar sus resultados.

3.1 Procedimiento

A continuación se presenta el procedimiento sugerido en el nuevo método. Entiéndase el procedimiento como el conjunto de pasos secuenciales sugeridos al docente para el proceso de seguimiento y evaluación de los proyectos de fin de curso. Los artefactos nombrados como parte del procedimiento serán detallados más adelante.

1. El docente de la materia de Lenguajes de Programación realiza la planificación del proyecto de fin de curso. Para ello completa el ARTEFACTO 01: Definición de proyecto.
2. El docente realiza un taller de capacitación de GitHub, de tres (3) horas de duración. En el taller se realizan las siguientes actividades:
   - Presentación del ámbito de la herramienta, su objetivo, utilidad, proyectos importantes soportados por la plataforma. El objetivo es motivar al estudiante en el uso de la plataforma.
   - Creación de cuentas individuales de los estudiantes en el portal de GitHub.
   - Instalación de la herramienta GitHub de escritorio para el sistema operativo de preferencia del estudiante.
   - Creación de un proyecto por equipo en la plataforma y vinculación de cada uno de los miembros.
   - Explicación y práctica del uso de la herramienta GitHub para escritorio.
   - Inclusión del docente como miembro de cada uno de los equipos.

3. Entrega del ARTEFACTO 02: Manual de GitHub a los estudiantes como complemento de la capacitación y como una fuente de consulta y referencia para su utilización posterior.
4. El docente envía a un estudiante definido como el líder del equipo el ARTEFACTO 03: Definición de equipo, el mismo que es completado y enviado de regreso al docente.
5. El docente instala la aplicación GitHub para escritorio en el sistema operativo de su preferencia.
6. Desde el día acordado como la fecha de inicio del proyecto el docente diariamente, en lo posible siempre en horario similar, realiza las siguientes actividades:
   - Descarga la última versión de cada uno de los proyectos.
   - Revisa los cambios realizados por el equipo de estudiantes desde el día anterior hasta este nuevo día de revisión.
   - Llena la información del ARTEFACTO 04: Retroalimentación, en la sección de trabajo en equipo.
   - Revisa los cambios realizados de manera individual por cada miembro del equipo.
   - Llena la información del ARTEFACTO 04: Retroalimentación, en la sección de trabajo individual.
   - Una vez completada la revisión envía las retroalimentaciones completadas a cada uno de los estudiantes, al correo electrónico que cada uno haya dispuesto en el ARTEFACTO 03: Definición de equipo. Es deseable realizar el envío por correo electrónico por ser un medio de comunicación personal. GitHub en su esquema gratuito expone de manera pública toda la información, mecanismo inconveniente para el envío de retroalimentaciones. Su exposición pública podría causar perjuicios por parte de otros miembros del mismo equipo, de otros equipos o de personas externas al proceso.
   - El docente completa el ARTEFACTO 05: Registro de avance en las secciones individual y grupal para este día de revisión.
   - En el caso que en el día de revisión exista un aporte grupal o individual de gran impacto o de interés técnico/pedagógico, el docente incluye esta información en un formato de pregunta en el ARTEFACTO 06: Cuestionario final.
7. El día definido como fecha de fin de ejecución del proyecto, el docente realiza la última revisión de los proyectos y envía las últimas retroalimentaciones.
8. En las fechas comprendidas entre la fecha de fin de ejecución del proyecto y la fecha de presentación final, el docente llena el ARTEFACTO 07: Rúbrica de evaluación en su sección "Durante la ejecución del proyecto". El docente utiliza para ello la información recolectada en el ARTEFACTO 05: Registro de avance.
9. El docente valida que el ARTEFACTO 06: Cuestionario final se encuentre completo para cada uno de los equipos y estudiantes, en caso contrario lo completa en base al trabajo de seguimiento realizado sobre cada uno de los proyectos.

10. Se realiza la presentación final de los proyectos en la fecha definida para dicho evento. Se entrega a los estudiantes el tiempo definido para la presentación y defensa del proyecto.
11. Luego de la presentación, el docente realiza al menos una pregunta individual a cada uno de los miembros de los equipos. La pregunta es tomada desde el ARTEFACTO 06: Cuestionario final. De ser necesario el docente realiza las preguntas adicionales que crea necesarias.
12. El docente llena el ARTEFACTO 07: Rúbrica de evaluación en la sección "Presentación de proyecto". Utiliza para ello la técnica de observación durante la presentación y la ronda de contestación de preguntas.
13. Una vez realizadas las presentaciones finales, el docente totaliza los valores del ARTEFACTO 07: Rúbrica de evaluación. El valor resultante es el grado de calidad en la ejecución del proyecto de cada equipo en su componente individual y grupal. Este valor que representa un porcentaje de 0% a 100% puede ser correspondido con la calificación final del proyecto. Así si un estudiante ha obtenido un valor del 70% para un proyecto cuya puntuación haya sido planificada para 10 puntos el puntaje correspondiente del estudiante será de 7.

3.2 Artefactos

En la siguiente sección se caracterizan cada uno de los artefactos mencionados como parte del procedimiento:

Artefacto 01 - Definición de proyecto. Documento detallado del proyecto sugerido a todos los equipos de trabajo, incluyendo la siguiente información:
1. Título del proyecto.
2. Objetivos de la aplicación (software).
3. Objetivos en la materia.
4. Descripción general de la aplicación.
5. Requerimientos específicos.
6. Fecha de inicio del proyecto.
7. Fecha de fin del proyecto.
8. Presentación final, incluyendo fecha, hora, lugar y condiciones.
9. Método, describiendo el procedimiento detallado a los estudiantes, la forma de trabajo, las acciones que se esperan de ellos y la rúbrica de evaluación a utilizarse para la valoración del proyecto.

Artefacto 02 - Manual de GitHub. Manual detallado de GitHub, incluyendo pantallas de la aplicación de escritorio, instrucciones para la creación de cuentas en el servicio web, creación del proyecto, estrategia de contribución y colaboración sobre el proyecto y resolución de conflictos.

Artefacto 03 - Definición de equipo. Documento de definición de un equipo y sus miembros, incluyendo la siguiente información:
1. Equipo: Número de identificación única del equipo.
2. Líder: Apellidos y nombres del miembro líder del equipo.

3. Integrantes: Detalle de cada uno de los integrantes del equipo, incluyendo: Código del estudiante, apellidos, nombres, nombre preferido, email y usuario GitHub.

Artefacto 04 - Retroalimentación. Documento que concentre las retroalimentaciones entregadas a cada uno de los miembros de los equipos, incluyendo la siguiente información:

1. Equipo: Número de identificación única del equipo.
2. Retroalimentaciones: De cada uno de los estudiantes, incluyendo: Apellidos y nombres, fecha y texto de la retroalimentación.

Artefacto 05 - Registro de avance. Documento que permita registrar el avance grupal e individual de cada uno de los equipos, incluyendo la siguiente información:

1. Equipo: Número de identificación única del equipo.
2. Avance sobre el total del proyecto: Registro en valor porcentual del avance que el grupo realiza por día sobre el 100% esperado del proyecto.
3. Actividad individual: Registro por día de la actividad de cada miembro respecto al resto de los integrantes, utilizando las ponderaciones: alta, media, baja y ninguna.
4. Observaciones: Observaciones importantes a resaltar en el avance individual de los miembros del equipo.

Artefacto 06 - Cuestionario final. Documento que recoge por cada miembro del equipo al menos una pregunta de importancia a ser preguntada y respondida el día de la presentación, incluyendo por cada estudiante:

1. Apellidos y nombres.
2. Antecedentes: Contextualizar la pregunta.
3. Pregunta.
4. Ámbito de respuesta: Enmarcar el ámbito de la posible respuesta esperada.

Artefacto 07 - Rúbrica de evaluación. Documento que permite ponderar el grado de calidad de los proyectos de fin de curso. La rúbrica tiene dos momentos de evaluación. El primero es durante la ejecución del proyecto y en él se pondera el 80% del total. Un segundo momento es el día de presentación final del proyecto, en este se pondera el 20% del total. En cada uno de estos momentos se tienen índices tanto a nivel grupal como a nivel individual. A continuación se presentan los índices a ser evaluados en el primer momento:

1. El equipo repartió entre sus integrantes equitativamente el esfuerzo del proyecto (Grupal).
   0%: No. Algunos miembros del equipo hicieron más esfuerzo que otros.
   10%: En parte. En cantidad de líneas de código la repartición fue casi equitativa, pero algunos ejecutaron los requerimientos más complejos y otro sólo los más sencillos.
   20%: Sí. El equipo repartió el proyecto de manera equitativa tanto en cantidad como en complejidad del proyecto.
2. El equipo repartió equitativamente el tiempo dedicado al proyecto (Grupal).
   0%: No. En los primeros días casi no se observó trabajo, mientras que en

los últimos se completó la mayor cantidad del proyecto.
10%: En parte. Se observó participación continua en el proyecto, pero no fue suficiente para completar todos los requerimientos.
20%: Sí. Se observó un trabajo continuo y sostenido desde los primeros días hasta los últimos. El proyecto fue terminado. Es más se terminó el proyecto antes de la finalización de los días previstos para su ejecución.

3. El equipo ha completado todos los requerimientos especificados para el proyecto (Grupal).
   0%: No. No se han completado todos los requerimientos.
   10%: Parcialmente: No se han completado todos los requerimientos, pero los ejecutados funcionan bien.
   20%: Sí. Se han completado todos los requerimientos y todos funcionan bien.
4. Las partes de código creadas, respetan la teoría y consideraciones presentadas en clase (Individual).
   0%: No. Se descuidaron temas y consideraciones tratadas en clase. El código no es óptimo, es más tiene errores que ocurren u ocurrirán bajo ciertas condiciones.
   10%: Parcialmente. En algunos temas se han tomado en cuenta las consideraciones tratadas en clase, en otras secciones se han descuidado.
   20%: Sí totalmente. Se ha tenido cuidado en utilizar los temas y consideraciones tratados en clase. En algunos casos se han utilizado otras estrategias producto de una investigación del estudiante.

A continuación se presentan los índices a ser evaluados en el segundo momento:

1. La presentación final del proyecto fue satisfactoria (Grupal).
   0%: No. Se observa que la presentación no fue preparada. Fue desordenada y no se dio realce al proyecto.
   5%: Parcialmente. Se nota una preparación algo improvisada de la presentación.
   10%: Sí. Se nota una preparación adecuada de la presentación. Tiene responsables asignados, tiempos coherentes y una secuencia de presentación que da realce al proyecto.
2. El estudiante respondió correctamente la pregunta realizada por el profesor (Individual).
   0%: No. La pregunta no fue respondida, la respuesta no se entendió o se respondió algo diferente a lo preguntado.
   5%: Parcialmente. Se respondió la pregunta parcialmente. No se dijeron cosas importantes esperadas en la respuesta.
   10%: Sí. Se respondió la pregunta total y coherentemente.

4 Metodología

En la presente investigación se ha considerado como grupo de estudio a los estudiantes de la materia de Lenguajes de Programación de las carreras de Ingeniería Electrónica de la Facultad de Informática y Electrónica de la Escuela Superior Politécnica de Chimborazo (ESPOCH). Cada semestre existen nuevos estudiantes matriculados, por lo que esta población se la puede entender como de número indefinido.

Con el procedimiento se pretende validar que la aplicación del nuevo método permite mejorar la calidad de los proyectos de fin de curso.

Para la aplicación y validación del nuevo método se ha tomado como muestra el grupo de veinte y ocho (28) estudiantes de la Escuela de Ingeniería Electrónica en Control y Redes Industriales de la ESPOCH matriculados en la materia de Lenguajes de Programación I en el periodo lectivo marzo 2015 – agosto 2015. El nuevo método ha sido aplicado por un total de veinte y dos (22) días, periodo total de ejecución del proyecto de fin de curso.

El procedimiento ha permitido comparar los resultados obtenidos con la aplicación del nuevo método, versus la calidad de los proyectos de los veinte y ocho (28) estudiantes de la Escuela de Ingeniería Electrónica en Telecomunicaciones y Redes matriculados en la misma materia de Lenguajes de Programación I en el periodo lectivo marzo 2014 – agosto 2014.

Este último grupo, considerado para el estudio, ha utilizado un esquema tradicional para el seguimiento de los proyectos de fin de curso. En el cuál el docente envía el proyecto, los estudiantes definen el tiempo que dedican al proyecto y el ritmo de avance. Siempre tienen a disposición al profesor en horas de consulta para resolver alguna inquietud.

El proyecto se presenta en un día específico al final del semestre a través de una exposición que incluye diapositivas, una exposición oral y la presentación del programa computacional.

Para el experimento, un proyecto ha sido enviado a todos los equipos del primer grupo de estudio y otro proyecto diferente ha sido enviado a todos los equipos del segundo grupo de estudio.

El instrumento de evaluación utilizado para calcular la calidad de los proyectos de fin de curso en los dos grupos, es la rúbrica de evaluación que representa a su vez el ARTEFACTO 07: Rúbrica de evaluación del método propuesto.

5 Resultados

Una vez aplicado el método tradicional en el grupo de estudiantes del periodo marzo – agosto 2014, y referido en esta sección simplemente como *Periodo 2014* y aplicado el método propuesto en el grupo de estudiantes del periodo marzo – agosto 2015, y referido en esta sección simplemente como *Periodo 2015*, los resultados son los siguientes:

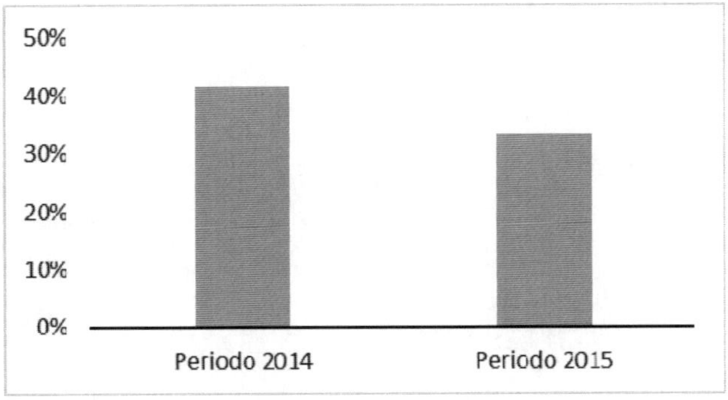

Fig. 1. Media del grado (%) de calidad alcanzado en los proyectos de los periodos 2014 y 2015

La Fig. 1 muestra que el grado de calidad del Periodo 2014 con un valor del 41% es mayor que el ponderado para el Periodo 2015 que apenas alcanza un valor del 33%. Basado en estos valores cuantitativos se puede afirmar que la utilización del método propuesto en el Periodo 2015 no mejoró la calidad de los proyectos.

A primera vista esto haría suponer también que el método tradicional para el seguimiento y evaluación de proyectos es mejor que el propuesto, sin embargo, una lectura más detalla permite discutir y analizar que: a pesar de que para los dos (2) grupos de estudio se utilizó la misma rúbrica de evaluación, los procedimientos para su ponderación representan dos percepciones distintas:

1. Para el *Periodo 2014* la ponderación es subjetiva, debido a que se tiene menos información disponible para el docente. Las revisiones de aula y la presentación final son insuficientes para tener una percepción objetiva del trabajo individual y grupal de los estudiantes. La rúbrica de evaluación es llenada con base a esta subjetividad y puede ser sobrevalorada.
2. Para el *Periodo 2015* el método propuesto brinda objetividad, ofreciendo al docente una trazabilidad completa del trabajo individual y grupal de sus estudiantes, no sólo en periodos cortos de aula o en la presentación final del proyecto sino durante todo el periodo de ejecución. Esta visibilidad del trabajo de los estudiantes recae en una ponderación más acertada, más real, que evita sobrestimar el trabajo de estudiantes que no aporten con el proyecto, de equipos donde un estudiante sea el único ejecutor o de equipos que distribuyan ineficientemente su esfuerzo o su tiempo. La rúbrica de evaluación es llenada con base a esta objetividad y sus resultados pueden disminuir considerablemente respecto a una ponderación subjetiva

La Fig. 2 presenta una gráfica que evidencia el trabajo de los equipos (Ei) en el *Periodo 2015*.

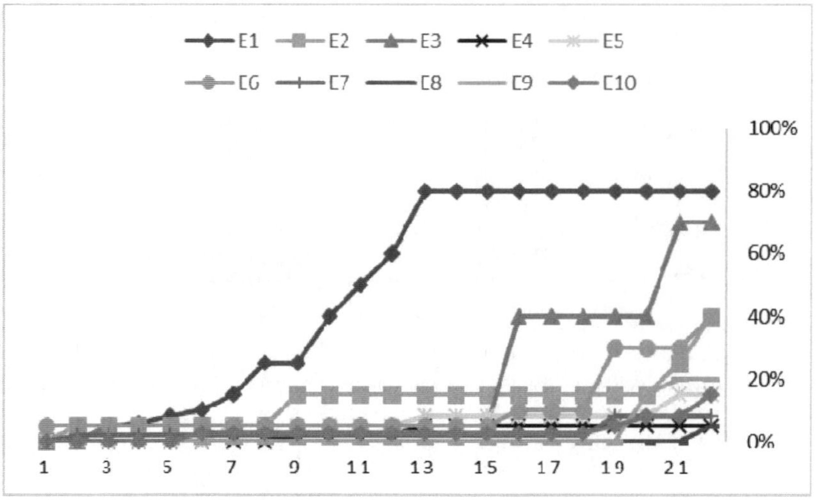

Fig. 2. Porcentaje total de requerimientos del proyecto cubiertos por los equipos (Ei) del día 1 al día 22 del periodo 2015

Observando el trabajo de todos los equipos, se puede decir que el trabajo del equipo 1 (E1) es un caso excepcional. Realiza un trabajo dedicado desde el día 1 hasta el día 13, día en el que completa ya el 80% del proyecto.

El equipo 3 (E3) realiza un trabajo incremental la última semana y en ella completa ya el 70% del proyecto.

El resto de equipos presentan un patrón de ejecución similar: no realizan ningún avance sino hasta los últimos días, en donde completan un bajo porcentaje del proyecto menor o igual al 40%.

Esta información evidencia los hábitos en la ejecución de los proyectos por parte de los estudiantes, donde las actividades se realizan en los últimos días acordados con el docente. En esos escasos días, el esfuerzo y el tiempo son insuficientes para cubrir con el 100% de los requerimientos exigidos por el proyecto.

Esta información simplemente no existe, o más claramente no puede ser recolectada para el Periodo 2014 pues el método tradicional no lo permite.

Estos resultados han permitido determinar que el uso de MESEPP evidentemente mejora el proceso de seguimiento de los proyectos, aportando los siguientes beneficios:

1. Potencia el proceso de educación.
   - Permite un seguimiento continuo durante todo el tiempo de ejecución del proyecto.
   - Realza una enseñanza y una evaluación de tipo formativa.
   - Potencia una enseñanza personalizada.
   - Evidencia deficiencias en el aprendizaje y/o en la aplicación de conceptos presentados en el aula.
2. Valora en más el trabajo colaborativo y el esfuerzo distribuido.

- El 70% de la ponderación total del proyecto está basado en el trabajo grupal. El 30% en el trabajo individual.
- El 80% de la ponderación total del proyecto está basado en el esfuerzo continuo y progresivo durante todo el tiempo de ejecución del proyecto. El 20% en la presentación final de proyecto.

3. Permite una evaluación objetiva.
   - Evidencia a los estudiantes que no han colaborado en el proyecto.
   - Visibiliza a los estudiantes que han realizado la mayor cantidad de actividades.
   - Visualiza la distribución de la complejidad del proyecto entre los miembros del equipo.
   - Muestra la distribución del esfuerzo durante los días dispuestos para la ejecución del proyecto.
4. Visibiliza los hábitos de estudio y trabajo de los estudiantes.
   - Visualiza los días, de entre todos los dispuestos para la ejecución del proyecto, en los que los estudiantes concentran su esfuerzo sobre el proyecto.
   - Presenta las horas del día en las que los estudiantes realizan un mayor aporte sobre el proyecto.
   - Muestra los días de la semana en los que los estudiantes realizan la mayor cantidad de trabajo.
5. Facilita el trabajo colaborativo en proyectos de software.
   - Permite el almacenamiento progresivo y periódico de los avances del proyecto en un repositorio centralizado de acceso universal para los estudiantes y el docente.
   - Facilita la regresión o referencia a versiones anteriores del proyecto.
   - Permite realizar un trabajo paralelo por parte de los estudiantes sobre un mismo proyecto e inclusive sobre un mismo archivo del proyecto.
6. Transparenta la ejecución de las actividades.
   - Evidencia a detalle las líneas de código añadidas, eliminadas o modificadas por cada estudiante.
   - Visibiliza el proyecto a los integrantes del mismo equipo, a los miembros de otros equipos y al docente.
7. Potencia el seguimiento y la guía a los estudiantes.
   - Facilita una retroalimentación periódica y progresiva.
   - Permite el encaminamiento temprano de los esfuerzos de los estudiantes.
   - Evidencia los requerimientos bien o mal entendidos por los estudiantes.
8. Automatiza las actividades.
   - Sistematiza el proceso de colaboración sobre el proyecto software.
   - Ejecuta automáticamente el versionamiento de cada uno de los archivos y recursos del proyecto.
   - Automatiza el registro de actividad de cada uno de los estudiantes y de cada uno de los grupos.

6 Conclusiones

El estudio ha permitido evidenciar que la utilización del método MESEPP mejora el seguimiento de los proyectos de fin de curso, potenciando el proceso de educación, facilitando el trabajo colaborativo, valorando el esfuerzo distribuido, permitiendo una evaluación objetiva, visibilizando los hábitos de estudio de los estudiantes, transparentando y automatizando las actividades inherentes a la ejecución de proyectos de software.

Los datos obtenidos con el método MESEPP han permitido visibilizar los hábitos de estudio y el verdadero trabajo que realizan los estudiantes para la ejecución de los proyectos. Se evidencia un trabajo sin una distribución equitativa entre los miembros del equipo y cuyo mayor esfuerzo se concentra en los días próximos a la finalización del tiempo fijado para su ejecución. Esta información progresiva y objetiva recolectada con el uso del método que incorpora GitHub, permite al docente realizar una valoración más cercana a lo real y disminuir la sobre estimación que involucra la utilización del método tradicional. Debido a esta objetividad, las valoraciones de los proyectos con el nuevo método han disminuido comparadas con las obtenidas con el método tradicional.

Debe notarse que, el método propuesto por este estudio involucra un tiempo significativo por parte del docente para completar las revisiones diarias. En el estudio el docente ha tomado de una a tres horas por día en dependencia del grado de participación de los estudiantes.

A pesar de ello, desde el punto de vista docente, la plataforma GitHub es de gran utilidad para la revisión del código fuente de los estudiantes. En su esquema más sencillo la plataforma ordena cronológicamente los aportes de los estudiantes, visibiliza que líneas de código han sido añadidas, modificadas, eliminadas, quién lo hizo y cuando lo hizo. Estos datos se pueden visualizar en una herramienta gráfica sencilla como es GitHub para Windows, que a través de simbologías de colores permite discriminar la información.

Adicionalmente, el componente de retroalimentación incluido en el método ha tenido una respuesta positiva en algunos estudiantes, ellos han considerado las observaciones para mejorar su proyecto y corregir su camino cuando la alternativa escogida no fue la más adecuada.

Referencias

1. Yu, Y., Yin, G., Wang, H., & Wang, T.: Exploring the Patterns of Social Behavior in GitHub. 1st International Workshop on Crowd-based Software Development Methods and Technologies. ACM Press, Hong Kong (2014)
2. Chacon, S.: Pro Git Second Edition. Apress (2015)
3. Git.: Git - Fast version control. Recuperado el 2 de agosto de 2015, de Git: https://git-scm.com/ (2015)
4. GitHub, Inc.: Twbs Bootstrap. Recuperado el 10 de octubre de 2015, de https://github.com/twbs/bootstrap (2015)

5. Ray, B., Posnett, D., Filkov, V., & Devanbu, P.: Large Scale Study of Programming Languages and Code Quality in Github. 22nd ACM SIGSOFT International Symposium on Foundations of Software Engineering. ACM Press, Hong Kong (2014)
6. Dabbish, L., Stuart, C., Tsay, J., & Herbsleb, J.: Social Coding in GitHub Transparency and Collaboration in an Open Software Repository. Conference on Computer Supported Cooperative Work. ACM Press, Seattle (2012)
7. Zagalsky, A., Feliciano, J., Storey, M.-A., Zhao, Y., & Wang, W.: The Emergence of GitHub as a Collaborative Platform for Education. 18th ACM Conference on Computer Supported Cooperative Work & Social Computing, Vancouver, BC, Canada (2015)
8. Shaffer, K.: Push, Pull, Fork: GitHub for Academics. Recuperado el 23 de abril de 2015, de HybridPedagogy: http://www.hybridpedagogy.com/journal/push-pull-fork-github-for-academics/ (2013)
9. Sawers, P.: GitHub wants schools to collaborate on code. (The next web, Inc.) Recuperado el 3 de octubre de 2015, de The Next Web: http://thenextweb.com/insider/2014/02/11/github-wants-schools-collaborate-code/ (2014)
10. Xu, Z.: Using Git to Manage Capstone Software Projects. Seventh International Multi-Conference on Computing in the Global Information Technology. IARIA, Venice, Italy (2012)
11. Lawrance, J., Jung, S., & Wiseman, C.: Git on the Cloud in the Classroom. 44th ACM technical symposium on Computer science education, Denver (2013)
12. Josh, D.: GitHub + University: How College Coding Assignments Should Work. Recuperado el 13 de octubre de 2015, de joshldavis.com/2014/01/19/github-university-how-college-assignments-should-work/ (2014)
13. Real Academia Española.: Diccionario de la lengua española. Recuperado el 25 de Julio de 2015, de Real Academia Española: http://lema.rae.es/drae/?val=método (2001)
14. Coria, A., Pastor, I., & Torres, Z.: Propuesta de metodología para elaborar una investigación científica en el área de Administración de Negocios. Revista científica Pensamiento y Gestión, México (2013)
15. Bunge, M.: Buscar la filosofía en las ciencias sociales. Siglo XXI Editores, México (2005)
16. Sierra, R.: Técnicas de investigación social. Teoría y ejercicios. S.A. EDICIONES PARANINFO, Madrid (2001)

Evaluación automática de solución de problemas de programación mediante aserciones y generación automática de casos de prueba

Alejandro Piad Morffis, Ludwig Leonard Méndez, y Miguel Katrib Mora
{apiad,lleonart,mkm}@matcom.uh.cu
Grupo WebOO
Facultad de Matemática de Computación
Universidad de La Habana

Resumen. En este artículo se presenta un sistema para la evaluación automática de problemas de programación. A diferencia de otras aplicaciones más tradicionales basadas en la entrada/salida de archivos en modo texto, la presente propuesta se basa en la definición de aserciones. Empleando herramientas de introspección de código y otras técnicas, se permite definir criterios de evaluación que no son posibles empleando solamente comparaciones de entrada/salida. También se proponen herramientas para la generación automática de casos de pruebas. En el artículo se describen los detalles técnicos de la alternativa propuesta. Además de la descripción conceptual se muestra una implementación concreta en el lenguaje C#, donde se ilustra la utilización diversos recursos de la plataforma .NET para resolver las problemáticas planteadas.

1 Introducción

La evaluación automática de soluciones a problemas de programación es útil como mecanismo para la comparación, validación y entrenamiento tanto en escenarios académicos y de formación, como para evaluación en la industria. En la enseñanza universitaria, en carreras de computación o afines, los estudiantes deben enfrentarse a problemas que requieren la programación de una solución. Esto puede ser la implementación de un algoritmo ya conocido como parte de la evaluación del estudiante, el diseño de uno o más componentes de software para una biblioteca o la solución de un problema lógico-matemático que requiere de la concepción, diseño e implementación computacional.

Por lo general el enfoque tradicional para la evaluación de este tipo de ejercicios consiste en establecer un formato de entrada textual que se corresponda con el "planteamiento" del problema y un formato de salida textual que se corresponda con la "respuesta" al problema. De este modo se evalúa la correctitud de la implementación mediante la ejecución de un número predeterminado de casos de prueba (diferentes textos de entrada) comparando las salidas textuales de cada ejecución con la salida esperada. La cantidad de casos de prueba acertados puede ser usada como una métrica para comparar distintas soluciones, posiblemente de distintos individuos.

Este mecanismo basado en entrada-salida textual se emplea a menudo en concursos y competencias de programación (como es el caso del ACM-ICPC[1], concurso Internacional de Programación para Universitarios organizado por la ACM que reúne anualmente miles de equipos de universidades de todo el planeta, que compiten en diferentes niveles zonales hasta culminar en la final mundial). Debido al gran éxito de este tipo de competiciones, existen disímiles servicios en Internet [1,2,3] que brindan una colección de problemas para el entrenamiento personal de estudiantes universitarios y otros entusiastas[2].

Este tipo de evaluación de programas puede ser también útil en entornos empresariales para determinar la competencia de posibles candidatos a una tarea en un proceso de contratación o de calificación de su personal. Por tanto, existen diversos servicios en línea dedicados específicamente a proveer una plataforma para conectar programadores o ingenieros con posibles empleadores, a partir de la solución de ejercicios de programación[3].

Estas plataformas de "competición", tanto con propósitos académicos como laborales, gozan de mucha popularidad. Sin embargo, presentan limitaciones en cuánto a sus capacidades evaluativas. La comprobación de correctitud de una solución a partir de la salida ante casos de prueba considera al programa a evaluar como una caja negra, por lo que solo puede obtener una medida aproximada de su calidad.

En este artículo se propone un sistema computacional para la evaluación de soluciones de problemas de programación que permita considerar también medidas de calidad alternativas que necesiten de alguna manera "interactuar" en ejecución con el código a evaluar. El enfoque propuesto se basa en la aplicación de técnicas de introspección de código, el empleo de aserciones lógicas y otros recursos computacionales que pueden integrarse dinámicamente con el código que se está evaluando.

El resto de este trabajo está organizado como sigue. La sección 2 presenta un resumen del estado de arte en temas relacionados con la evaluación automática de código y un análisis crítico de las deficiencias de los sistemas basados en entrada-salida textual. En la sección 3 se detalla la concepción de la solución propuesta y también se presentan diversos casos para ejemplificar las ventajas de aplicar este enfoque. En la sección 4 se discuten los resultados obtenidos y se formulan las conclusiones. Por último en la sección 5 se presentan algunas consideraciones a tener en cuenta para la continuidad de esta investigación.

2 Trabajos relacionados

Existen diversos estudios que analizan los escenarios de este tipo de actividades (competencias de programación, educación, entrenamiento, etc.), así como sobre las herramientas y plataformas que se usan para ello [4]. Los sistemas basados solamente en la comprobación textual de entrada-salida presentan varias limitaciones en términos evaluativos. En general no es posible comprobar que se realizó una implementa-

---

[1] Véase: icpc.baylor.edu.
[2] Véanse como ejemplos: www.codeforces.com, www.topcoder.com.
[3] Véanse como ejemplos: www.codility.com.

ción correcta. Una implementación incorrecta podría resolver exitosamente los casos de prueba que se hayan utilizados como entrada [5]. Por lo general es necesario un diseño muy cuidadoso de los casos de prueba para garantizar que se cubren todos los posibles escenarios[4]. Un enfoque interesante consiste en la generación automática de casos de prueba. Esto puede realizarse empleando una especificación formal (que permita generar de forma exhaustiva todos los casos de prueba) [6] o una búsqueda aproximada usando algoritmos evolutivos [7].

Si se considera como una caja negra la implementación a evaluar, se pierde entonces toda posibilidad de medir la calidad de la implementación. Además de determinar que una solución es correcta, es necesario también poder valorar otras cualidades como la claridad del código, la reusabilidad, la aplicación de buenas prácticas y el uso de patrones de diseño. En la industria se emplean medidas tales como la complejidad ciclomática[5] [8] para evaluar la habilidad de un programador de producir soluciones elegantes y mantenibles. Para poder medir el cumplimiento de estas cualidades es necesario analizar el código fuente y no solamente saber cuál es la respuesta del código ante una cierta entrada.

Los enfoques basados en entrada-salida textual tampoco permiten evaluar la correcta implementación de un tipo de datos (especificado por una interfaz o clase abstracta) en el que hay varias funcionalidades. Empleando especificaciones formales es posible validar si la implementación de un tipo de datos abstracto es correcta [9, 10]. Sin embargo, este proceso de describir tales especificaciones complejiza considerablemente la tarea de quién quiere hacer la evaluación [11].

Considere por ejemplo el problema de evaluar si es correcta la implementación de una cola con prioridad a partir de la definición formal de sus operaciones. Empleando solamente casos de prueba, es imposible medir si la implementación cumple con la complejidad temporal esperada para cada operación, o si simplemente se realiza una búsqueda exhaustiva del valor mínimo en cada paso. Puede pensarse que midiendo directamente el tiempo real que demora la ejecución de un algoritmo para ciertos tamaños de la entrada permitiría hacer una valoración aproximada de su complejidad computacional [12]. Sin embargo, en la práctica pudiera resultar difícil diseñar casos de prueba que permitan diferenciar, por ejemplo, si la solución ha usado un algoritmo O(N) o uno O(N log N).

Las limitaciones de los sistemas basados en entrada-salida se pueden resumir en tres categorías:

- la incapacidad para modelar con la suficiente expresividad la definición de correctitud de una implementación;
- la incapacidad para evaluar métricas de calidad asociadas al cumplimiento de buenas prácticas u optimización del rendimiento;

---

[4] En general el problema de validar la correctitud de un algoritmo es computacionalmente imposible de resolver (se reduce al conocido *Halting Problem*), pero existen múltiples acercamientos factibles en condiciones más restringidas.

[5] La complejidad ciclomática es una métrica de calidad de software que penaliza una mayor cantidad de caminos de ejecución de un método (condicionales, ciclos, e instrucción de control de flujo en general).

- la complejidad de construir casos de prueba para verificar minuciosamente todos los posibles escenarios.

La primera de estas limitaciones pudiera ser superada con un mecanismo formal para definir la correctitud de una solución, en función de las operaciones que realiza y no sólo de los resultados que devuelve. Por ejemplo, el paradigma de la programación por contratos [13] brinda un marco formal para definir los estados válidos de un tipo durante la ejecución de sus operaciones. La segunda limitación se puede solucionar si se dispone de alguna forma computacionalmente viable de analizar el código fuente. Por ejemplo, empleando un analizador sintáctico/semántico que permita construir el árbol de sintaxis abstracta, o haciendo introspección de código (*reflection*) durante la ejecución. La tercera limitación se pudiera resolver si se desarrollan herramientas automáticas (o semi-automáticas) que ayuden en la generación de casos de prueba, para lo cual pudieran basarse en que las implementaciones estén debidamente "anotadas" usando recursos del paradigma de Programación Orientada a Aspectos [14].

Muchos de estos problemas están presentes también en el diseño de pruebas unitarias y la aplicación de modelos de desarrollo guiados por pruebas (TDD[6]) [15] del cual recientemente se han obtenido experiencias positivas en escenarios educativos [16]. Existen además varias bibliotecas y plataformas para el diseño de pruebas unitarias que brindan herramientas para anotar el código, evaluar el cumplimiento de aserciones y analizar estática o dinámicamente su estructura en busca de anti-patrones y otras prácticas nocivas [17]. El presente trabajo propone el diseño de un sistema computacional basado en los conceptos y herramientas empleados en las pruebas unitarias. Estos conceptos son reformulados para aplicarlos específicamente en el contexto de evaluar las soluciones a problemas de programación.

3 Diseño del sistema de evaluación

El **sistema de evaluación** que se propone en el presente trabajo pretende solucionar las limitaciones mencionadas anteriormente. La propuesta consta del diseño de un conjunto de herramientas y de un motor de ejecución que permitan analizar el cumplimiento de varias características en las soluciones a evaluar. Se propone además una implementación concreta para soluciones en código C# y ejecutando en .NET.

El sistema de evaluación consta de dos componentes fundamentales: una biblioteca de clases (API) y una aplicación (motor de ejecución). En la biblioteca se brindan las funcionalidades para definir una evaluación. Conceptualmente esta API se encarga de dos funciones: la definición de aserciones para probar la corrección del código y la generación automática de casos de prueba. Ambas componentes interactúan con código externo proveniente de dos tipos de usuarios: el **evaluado** (estudiante, desarrollador) y el **evaluador** (profesor, entrenador, jefe de equipo de desarrollo). El primero es el que provee una solución para un problema de programación particular, y el segundo es el que aporta un código dónde define las condiciones que a su consideración

[6] Del inglés Test Driven Development.

determinan la correctitud del código a evaluar (**¡Error! No se encuentra el origen de la referencia.**).

El evaluador emplea las clases de la API para definir las condiciones de la evaluación. Luego el motor de ejecución analiza el código del evaluador y construye un conjunto de pruebas, que son ejecutadas sobre el código del evaluado. En los casos donde el evaluador y el evaluado necesitan definiciones de tipos comunes, se emplea un tercer componente externo (biblioteca de clases) que contendrá dichas definiciones. De esta forma quedan desacoplados en tiempo de compilación los códigos del evaluador y el evaluado, lo que permite diseñar la evaluación independientemente de la concepción de la solución.

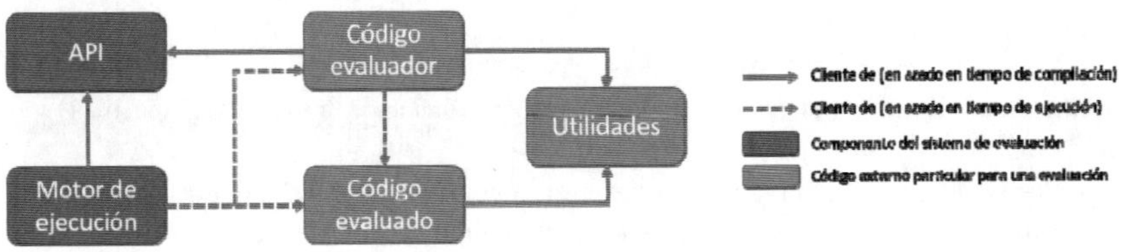

Fig. 1. Arquitectura general del sistema de evaluación

3.1 Definición de casos de prueba

El concepto fundamental en el que se basa el enfoque que hemos aplicado en este trabajo es el de **caso de prueba**. Un caso de prueba es una clase que expone uno o más métodos públicos que deben contener el código que realizará la validación deseada. Cada uno de estos métodos es considerado por el sistema de evaluación como una unidad atómica que debe ser evaluada correctamente en su completitud, o fallar.

La evaluación en sí se expresa mediante la definición de aserciones. Una aserción consiste en una clase con un único método que indicará el cumplimiento o no de la condición deseada. En la implementación en C# una aserción se define por la interface `IAssertion` (ver **Listado 1**). A partir de esta definición se ofrece también una jerarquía de aserciones para expresar algunas de las condiciones más comunes: comparaciones, presencia de un determinado valor en una colección, propiedades numéricas, entre otras. El **Listado 1** incluye un ejemplo de la implementación de la aserción correspondiente a la condición "mayor o igual".

A esta jerarquía se adiciona una API (basada en el patrón de **interfaz fluida**[7] [18]) que permite construir aserciones complejas empleando una sintaxis declarativa. En el **Listado 2** se muestra un ejemplo donde se evalúa que la solución devuelta por el método (`GetDivisorsOf`) contenga solamente divisores del argumento (`k`). Esto se logra mediante la definición de una aserción que comprueba el cumplimiento de una condición (empleando una expresión *lambda* en el caso de C#) para cada elemento de un

[7] Una interfaz fluida (*fluent interface*) consiste en una forma de diseñar APIs que se apoya en patrones tales como la aplicación encadenada (pipe) de métodos y el patrón comando.

```
public interface IAssertion<in T> {
  bool Assert(T item);
}

private sealed class GreaterThanAssertion<T> : IAssertion<T> where T : IComparable<T> {
  private readonly T other;

  public GreaterThanAssertion(T other) {
    this.other = other;
  }

  public bool Assert(T item) {
    return item.CompareTo(other) > 0;
  }
}
```

Listado 1. Definición del tipo aserción en C#, e implementación de una aserción específica

conjunto. De esta forma, en la propia definición del caso de prueba queda documentada la semántica de la condición que se está evaluando (la propiedad de ser divisor) de forma explícita mediante código ejecutable.

El mecanismo de comprobación de las aserciones es invocado a través de un método estático (`Assert.That`), que sirve para iniciar un anidamiento de construcciones de la interfaz fluida. El resultado de invocar a este método consiste en evaluar la aserción correspondiente y lanzar una excepción en caso de no cumplirse. De esta forma cada método del caso de prueba es evaluado como una unidad atómica, donde el fallo de cualquiera de las aserciones que esta invocación detiene su ejecución. La excepción es capturada por el motor de ejecución, que invoca secuencialmente todos los métodos de validación, y almacena las estadísticas e incidencias correspondientes.

```
public void CheckDivisors() {
  int k = Input();
  // Método cuya correctitud se desea evaluar
  int[] divisors = GetDivisorsOf(k);
  Assert.That(Each.ElementIn(divisors, Is.SuchThat(i => k % i == 0)));
}
```

Listado 2. Ejemplo de un método de validación empleando la interfaz fluida para construir una aserción

Las aserciones se definen en el código del evaluador, que no está ligado estáticamente al código que será evaluado. Por este motivo, es necesario que el sistema de evaluación ofrezca un mecanismo para ligar y ejecutar dinámicamente ambos códigos. En .NET esta funcionalidad se implementa usando los recursos de *Reflection*, que permite interactuar desde el ensamblado en ejecución con código en ensamblados externos aunque no hayan sido estáticamente ligados al proyecto en tiempo de compilación.

Incluso aún en los casos en que la evaluación consiste solo de comparaciones de la salida obtenida con la salida esperada, se obtiene una ventaja con respecto los sistemas clásicos basados en entrada-salida textual ya que al trabajar directamente con los ensamblados en tiempo de ejecución se evita tener que transformar la entrada o salida textuales a una representación computacional apropiada al problema. Esto simplifica el trabajo tanto para el programador a ser evaluado como para quien diseña los casos de prueba. Esta ventaja tiene mayor importancia cuando la representación de los datos es compleja (un array, un árbol, un grafo, entre otros). Si no es factible determinar la salida esperada correspondiente a una entrada particular, el sistema usa una implementación correcta de referencia para comparar su salida con la de la implementación a evaluar.

3.2 Evaluando la implementación de tipos abstractos

En ocasiones la tarea que se le quiere evaluar al programador es si ha implementado adecuadamente un tipo abstracto. En este escenario resulta más complejo diseñar casos de prueba, ya que es necesario comprobar no solo la salida adecuada para cada entrada, sino además el estado interno del tipo antes y después de cada operación. El concepto de contrato [13] brinda un marco formal para definir a partir de precondiciones, post-condiciones e invariantes los posibles estados válidos que puede tener un objeto (valor) de determinado tipo durante todo su tiempo de vida. Tanto las post-condiciones como las invariantes pueden ser expresadas a partir de aserciones sobre el resultado devuelto por el método o el estado de una instancia durante la ejecución de un caso de prueba[8].

En función de la complejidad del tipo a implementar, puede ser conveniente proveer una implementación de referencia, en vez de diseñar manualmente las aserciones de todas las post-condiciones e invariantes necesarias. En estos casos el código del evaluador necesita realizar exactamente las mismas operaciones dos veces, una para la implementación de referencia y otra para la implementación a evaluar. Un patrón útil para simplificar este proceso consiste en el empleo de dos métodos, denominados `Perform` y `Check`.

El método `Perform` ejecuta una operación (delegado de tipo `Action` en C#) en ambas implementaciones. Por su parte el método `Check` verifica que sean iguales los resultados de aplicar una función (delegado de tipo `Function` en C#) sobre ambas implementaciones. De esta forma los casos de prueba pueden ser escritos en función de una sola implementación y el sistema se encarga de manejar la duplicidad de las operaciones a ejecutar. El sistema de evaluación provee de un mecanismo para inspeccionar dinámicamente el ensamblado con el tipo cuya implementación se desea evaluar, y construir una instancia del mismo.

En el **Listado 3** se muestra un ejemplo donde el evaluado debe proveer una implementación de la interfaz `IList`. Como implementación de referencia se ha empleado en este ejemplo el tipo `List` definido en la biblioteca estándar de .NET. El método `TestAdd` evalúa la correctitud de la operación de adición `Add` a partir de ejecutar esta operación en ambas implementaciones (método `Perform`). Posteriormente con dos

---

[8] Las precondiciones, aunque también pudieran ser modeladas de esta forma, no serán consideradas pues se asume que quien elabora el caso de prueba garantiza la validez de la entrada.

llamadas al método `Check` se verifica que la cantidad de elementos existentes sea igual

```
public class ListTester : Tester<IList<int>> {
  protected override IList<int> BuildTarget() {
    // Resolución dinámica de la implementación a evaluar
    return ReflectionHelper.CreateInstance<IList<int>>();
  }

  protected override IList<int> BuildBenchmark() {
    // Creación de la implementación de referencia
    return new List<int>();
  }

  public void TestAdd() {
    Initialize();
    Perform(list => list.Add(1));
    Check(list => list.Count);
    Check(list => list[0]);
  }
}
```

Listado 3. Evaluando la implementación de interfaces mediante el empleo de una implementación de referencia

al primer elemento en ambas listas.

3.3 Evaluando invariantes en la estructura interna de los datos

Otro ejemplo de casos a evaluar es cuando se quiere verificar determinado estado interno de cierto tipo cuando se está ejecutando un determinado algoritmo. Considérese por ejemplo que se está evaluando la implementación de un algoritmo de búsqueda sobre un árbol. Empleando el sistema propuesto es posible insertar, en la propia definición de la estructura de datos, aserciones que permitan comprobar la cantidad exacta de veces que se analiza cada nodo, e incluso el orden en que se realizan estas operaciones. De esta forma sería posible no solo evaluar que el algoritmo sea correcto, sino también evaluar el costo computacional exacto de dicha implementación.

El **Listado 4** muestra un ejemplo que verifica, además del resultado esperado, si cada nodo del árbol ha sido visitado a lo sumo una vez. Para ello, al programador que se va evaluar se le proporciona un ensamblado utilitario con la definición de una interface (`ITree<T>`) sobre la que realizará su implementación. En el código evaluador se adiciona una implementación particular de esta interface que contiene las aserciones deseadas.

Cuando el motor de ejecución invoca el código de validación (clase `TreeTester`), no sólo se evalúan las aserciones definidas propiamente en el método de validación (`Test`). Al ejecutar dinámicamente el método (`SomeMethod`, pasando como argumento la instancia `Tree<T>` definida por el evaluador, se ejecutan las aserciones insertadas en la estructura de datos a medida que el algoritmo implementado por el programador a evaluar vaya recorriendo cada nodo. De esta forma es posible validar exactamente la cantidad de veces que se visita cada nodo, o alguna otra invariante que se desea se cumpla en dicha la estructura de datos siempre que pueda expresarse en forma de aserción.

El código a evaluar interactúa con una interface (`ITree<T>` en este caso), por lo que no necesita conocer las interioridades de la implementación concreta `Tree<T>` usada por el evaluador, ni de la existencia del mecanismo de aserciones. Es posible concebir más de una implementación de la interface con aserciones distintas según requiera cada caso de prueba. También es conveniente proporcionarle a quien se va a evaluar una implementación "limpia" de la interface (sin aserciones insertadas en el código de la implementación) para que éste la pueda usar si quiere probar su solución.

```
// Ensamblado utilitario entregado al individuo evaluado
public interface ITree<T> {
  T Value { get; }
  IEnumerable<ITree<T>> Children { get; }
}

// Ensamblado del evaluador
public class Tree<T> : ITree<T> {
  private int visited;
  private T value;

  public T Value {
    get {
      visited++;
      Assert.That(visited, Is.SmallerThan(2));
      return value;
    }
  }
}
```

Listado 4. Insertando aserciones dentro de la definición de estructuras de datos de entrada

3.4 Generación de casos de prueba

Una de las tareas más complejas al crear los probadores (*testers*) es diseñar los casos de prueba. Esta consiste en decidir cuáles entradas o cuál secuencia de operaciones hay que aplicar en cada caso para cubrir de la mejor manera todo el dominio del problema. Para facilitar esta tarea, el sistema que presentamos brinda también herramientas para la generación automática de casos de prueba.

Considere que se quiere evaluar la implementación de un método de ordenación que recibe un array desordenado y devuelve una copia ordenada. Un enfoque para su evaluación sería la generación de un conjunto suficientemente grande de arrays de entrada con valores aleatorios. La correctitud se determina comparando el resultado de su ordenación con aquella producida por una implementación de referencia o analizando directamente si los elementos en el array resultante son los mismos que en la entrada y están en orden. En el **Listado 5** se muestra una API que permite describir cuáles características debe tener un array que se genere aleatoriamente. Note que también se ha definido de forma declarativa la longitud mínima y máxima que puede tener el array y los posibles elementos que contendrá cada array de prueba. El sistema de evaluación se encarga entonces de generar arrays con estas características, garantizando que se genere exactamente el mismo conjunto de prueba en cada ejecución.

Sin embargo, si lo que se desea es evaluar la implementación de un tipo de datos, no aplica la opción de generar un conjunto de valores de entrada. En estos casos lo que hace falta es generar una secuencia de operaciones para aplicar al tipo correspondiente, y una secuencia de aserciones de validación. En tal caso la secuencia de operaciones no puede ser generada aleatoriamente (por ejemplo no es válido hacer **pop** a una pila si ésta está vacía). Es necesario entonces que se pueda indicar qué secuencias de operaciones y/o aserciones son válidas en función de cúales operaciones han sido ejecutadas anteriormente.

De forma general, el conjunto de todas las posibles secuencias de operaciones a realizar sobre un tipo determinado puede modelarse como una suerte de lenguaje sobre el alfabeto de todas las operaciones que ofrece el tipo. Este lenguaje puede ser definido mediante una gramática que describa las secuencias válidas de operaciones a realizar. Para este propósito se ha incluido una API que permite definir una gramática correspondiente a los casos válidos. Se propone una interfaz fluida que permite especificar operaciones a realizar y aserciones a comprobar, así como métodos auxiliares

```
public class SortTester : TestBuilder<int[]> {
  protected override void Test(int[] input) {
    Assert.That(ReflectionHelper.InvokeStatic<int[]>("Sorter", "Sort", input),
                Is.SequenceEqualTo(ReferenceImplementation(input)));
  }

  private int[] ReferenceImplementation(int[] input) {
    // Implementación de algoritmo de ordenación de referencia
  }

  protected override IBuilder<int[]> Argument {
    get {
      return Create.ArrayOf<int>()
          .WithMinLengthOf(1)
          .WithMaxLengthOf(100)
          .WithElementsFrom(Enumerable.Range(1, 10000))
          .Random(100);
    }
  }
}
```

Listado 5. Generación de casos de prueba aleatorios empleando una interfaz fluida

para la construcción de la estructura arbórea de la gramática.

Considérese la evaluación de la implementación de una pila (**Listado 6**). Mediante una interfaz fluida se puede definir una gramática que indique las operaciones válidas a realizar. La gramática comienza con un operador de repetición `g.Repeat` (operador + en notación BNF), que especifica la mínima y máxima cantidad de veces que se repetirá cierta operación, y la operación en sí (`g.PerformMany`). Esta operación especifica la ejecución de un funcional (delegado de tipo `Action<T>` en C#) sobre el tipo a evaluar, en este caso, la operación `Push`; y almacena en una variable la cantidad exacta de veces que ha sido ejecutada.

A partir de este punto se encadenan una serie de operaciones sucesivas (llamadas al método `g.Then`). Primero, se escoge una (método `g.OneOf`) entre tres opciones: se realiza la operación `Pop` cierta cantidad de veces (menor o igual que la cantidad de veces que se hizo `Push`) y se comprueba el estado de la propiedad `Count`; o se verifica que el resultado de la operación `Peek` devuelve justamente el último elemento insertado; o se verifica que la pila contiene todos los elementos generados hasta el momento. A continuación se vacía la pila, comprobando en cada paso que las operaciones de `Peek` y `Pop` coinciden. Por último se verifica que la pila haya quedado vacía.

```
public class StackTestBuilder : TesterFor<Stack<int>> {
  protected override Generator<Stack<int>> BuildCases() {
    var input = Create.Integer().InRange(1, 10000);

    var g = new Generator<Stack<int>>();
    int pushes, pops, peeked = 0;

    return
      g.Repeat(1, 100,
        g.PerformMany(s => s.Push(input.Next()), out pushes, maxTimes: 100)
        .Then(
          g.OneOf(
            g.Do(
              g.PerformMany(s => s.Pop(), out pops, maxTimes: pushes),
              g.Assert(s => s.Count, Is.EqualTo(pushes - pops))
            ),
            g.Assert(s => s.Peek(), Is.EqualTo(input.Last)),
            g.Assert(s => s, Has.AllOf(input.GeneratedItems))
        ))
        .Then(
          g.While(s => s.Count > 0).Do(
            g.PerformOnce(s => peeked = s.Peek()),
            g.Assert(s => s.Pop(), Is.EqualTo(peeked))
        ))
        .Then(
          g.Assert(s => s.Count, Is.EqualTo(0)),
          g.Assert(s => s, Has.NoneOf(input.GeneratedItems))
        ));
  }
}
```

Listado 6. Definición de una gramática para la generación de casos de prueba para la implementación del tipo `Stack`

En el momento de realizar la evaluación el motor de ejecución se encargará, de generar cadenas aleatorias válidas según la gramática. Cada cadena consiste entonces de una secuencia de operaciones a ejecutar sobre el tipo cuya implementación se está evaluando, verificando las aserciones correspondientes (llamadas al método `g.Assert` que se vio en las secciones anteriores). De esta forma, se pueden generar un caso que inserte N elementos y luego ejecute una cantidad de `Pop` menor o igual que N. Sin embargo, nunca se generarán casos donde se haga una cantidad de `Pop` mayor que la cantidad de inserciones `Push`.

4 Conclusiones

En este artículo se ha presentado un sistema para evaluar problemas de programación que puede valer tanto para fines docentes como empresariales. Está basado en el enfoque de las pruebas unitarias, particularmente mediante la definición de aserciones. Su objetivo es dar solución a algunas de las limitaciones de los sistemas clásicos que se basan en entrada y salida en texto plano. Se logra dar respuesta a dos de las tres problemáticas planteadas anteriormente: una evaluación más completa de la correctitud de una implementación y facilidades para la generación de casos de prueba. Queda pendiente la problemática de detectar malas prácticas u otros elementos subjetivos como claridad, elegancia, no existencia de código innecesario. El trabajo experimental se ha desarrollado en la plataforma .NET y C#, pero los enfoques aquí aplicados pueden llevarse a otros lenguajes y plataformas.

Este sistema de evaluación está siendo empleado en la evaluación de exámenes a estudiantes de programación en el primer año de la carrera de Ciencia de la Computación de la Universidad de La Habana. Se han realizado hasta la fecha 18 exámenes, con un total de más de 50 problemas diferentes. Estos incluyen implementaciones de algoritmos sobre arrays, árboles y otras estructuras de datos, así como implementaciones de tipos de datos a partir de abstracciones expresadas mediante interfaces. En total se han evaluado más de 1500 soluciones que han permitido comprobar en la práctica las facilidades de uso del sistema y sus ventajas en comparación con alternativas basadas en entrada-salida o revisión manual.

Contar con una jerarquía de tipos de aserciones para la modelación de casos de prueba facilita el diseño de herramientas para la generación automática (o semiautomática) de los casos de prueba. Con esta propuesta es posible definir de forma declarativa cuáles son las posibles operaciones que se pueden realizar sobre un tipo determinado y las relaciones entre ellas.

5 Trabajo futuro

Como continuidad de esta propuesta se pueden plantear tres direcciones de trabajo. Una primera consistiría en mejorar los mecanismos de generación de casos de prueba a partir del empleo de algoritmos más sofisticados capaces de hacer una mejor exploración del dominio. Por ejemplo, es posible definir varias implementaciones de referencia del problema a evaluar, pero con diversos "grados" de correctitud. Empleando luego un algoritmo de búsqueda se generaría un conjunto de casos de prueba que haga fallar a cada una de las implementaciones en una cantidad particular de casos. Este enfoque puede ser particularmente útil en escenarios docentes donde los estudiantes pueden obtener distintas calificaciones según el grado de correctitud alcanzado.

Una segunda línea de trabajo puede ser incluir herramientas para el análisis estático del código, posiblemente a partir de la reconstrucción del árbol de sintaxis abstracta. Una solución completa al problema de la detección de anti-patrones y prácticas nocivas requeriría de un análisis sintáctico/semántico del código. Los servicios de compilación, presentes y por venir, en la plataforma .NET brindan herramientas útiles para el análisis de árboles de sintaxis. Esto permitiría evaluar automáticamente implementaciones empleando métricas de calidad usuales en la comunidad de ingeniería de software.

Una tercera dirección de trabajo futuro sería concebir una interfaz gráfica que facilite a los usuarios, no necesariamente especializados en el lenguaje que se está usando, el diseño de casos de prueba. Esto permitiría desacoplar la tarea de construir un sistema de la tarea de evaluarlo. De esta forma se simplifica considerablemente el esfuerzo necesario del evaluador en la definición de casos de pruebas, incluso en escenarios en los que el evaluador no tenga conocimientos profundos de programación, ni de la API particular que se emplea para definir los casos de prueba pero sí del dominio del problema.

Referencias

1. Petit, Jordi, Omer Giménez, and Salvador Roura. "Jutge.org: an educational programming judge." *Proceedings of the 43rd ACM technical symposium on Computer Science Education*. ACM, 2012.
2. Xiang-yun, L. I., and G. E. Hua. "Design and Implementation of C language Homework Online Submission and Correction System Based on JSP."*Journal of Anhui Science and Technology University* 2 (2013): 019.
3. Behrens, Tristan, et al. "The multi-agent programming contest." *AI Magazine*33.4 (2012): 111.
4. Christopher, David Livingstone, and James Orwell. "Automatic test-based assessment of programming: A review." *Journal on Educational Resources in Computing (JERIC)* 5.3 (2005): 4.
5. Forišek, Michal. "On suitability of programming competition tasks for automated testing." *International Workshop, Perspectives on Computer Science Competitions for (High School) Students*. 2006.
6. Padgham, Lin, et al. "Model-based test oracle generation for automated unit testing of agent systems." *Software Engineering, IEEE Transactions on* 39.9 (2013): 1230-1244.
7. Kifetew, Fitsum M., et al. "Orthogonal exploration of the search space in evolutionary test case generation." *Proceedings of the 2013 International Symposium on Software Testing and Analysis*. ACM, 2013.Douce,
8. Edwards, Stephen H. "Using test-driven development in the classroom: Providing students with automatic, concrete feedback on performance."*Proceedings of the International Conference on Education and Information Systems: Technologies and Applications EISTA*. Vol. 3. 2003.
9. Antoy, Sergio, and Dick Hamlet. "Automatically checking an implementation against its formal specification." *Software Engineering, IEEE Transactions on*26.1 (2000): 55-69.
10. Guttag, John V., Ellis Horowitz, and David R. Musser. "Abstract data types and software validation." *Communications of the ACM* 21.12 (1978): 1048-1064.
11. Loeckx, Jacques, Hans-Dieter Ehrich, and Markus Wolf. *Specification of abstract data types*. John Wiley & Sons, Inc., 1997.
12. Ribeiro, Pedro, and Pedro Guerreiro. "Improving the automatic evaluation of problem solutions in programming contests." *Olympiads in Informatics* 3 (2009): 132-143.
13. Jazequel, J-M., and Bertrand Meyer. "Design by contract: The lessons of Ariane." *Computer* 30.1 (1997): 129-130.

14. Tanter, Éric, Ismael Figueroa, and Nicolas Tabareau. "Execution levels for aspect-oriented programming: Design, semantics, implementations and applications." *Science of Computer Programming* 80 (2014): 311-342.
15. Hammond, Susan, and David Umphress. "Test driven development: the state of the practice." *Proceedings of the 50th Annual Southeast Regional Conference*. ACM, 2012.
16. Edwards, Stephen H. "Using test-driven development in the classroom: Providing students with automatic, concrete feedback on performance."*Proceedings of the International Conference on Education and Information Systems: Technologies and Applications EISTA*. Vol. 3. 2003.
17. Cheon, Yoonsik, and Gary T. Leavens. "A simple and practical approach to unit testing: The JML and JUnit way." *ECOOP 2002—Object-Oriented Programming*. Springer Berlin Heidelberg, 2002. 231-255.
18. Fowler, Martin. *Domain-specific languages*. Pearson Education, 2010.

Creación de software interactivo de razonamiento lógico-matemático para fomentar la agilidad mental (Cerebrum vs Kronos)

Oscar Antonio Zarate-Aguila[1], Alejandro Aguila Reyes[1], Joaquín Fernando Mendoza Blanco[1], y Omar S. Gómez[2]

[1] Universidad de Guadalajara, Centro Universitario de la Ciénega, Código Postal 47820 Ocotlán, Jalisco, México
{oaza, aaguila, jmendoza}@cuci.udg.mx
http://www.cuci.udg.mx
[2] Escuela Superior Politécnica de Chimborazo, Código Postal, 060155 Riobamba, Chimborazo, Ecuador
ogomez@espoch.edu.ec
http://www.espoch.edu.ec

Resumen. El objetivo principal de este estudio es hacer uso de la tecnología y las ciencias computacionales mediante la creación de software interactivo de razonamiento lógico-matemático. Se muestra también en el estudio la actividad cerebral relacionada con el razonamiento y la resolución de problemas lógicos o matemáticos, lo cual conlleva al desarrollo intelectual y agilidad mental. Se presenta un software intuitivo y gráfico, que ofrece enigmas al usuario cuya resolución estimula la actividad cerebral. El rango de edades para el cual está diseñado el software es amplio ya que se requiere el uso de matemáticas, lógica y razonamiento, para resolver los acertijos mostrados, por lo tanto, puede ser usado por niños, jóvenes y adultos que quieran reforzar su razonamiento o agilizar su mente mediante esta herramienta.

1 Introducción

El razonamiento es una característica primordial del humano, es la capacidad de ordenar y relacionar ideas para llegar a una conclusión o la resolución de un enigma, problema o situación.

La palabra lógica proviene del griego λογική (logiké) que significa "dotado de razón, intelectual, dialéctico, argumentativo". El objeto de estudio de la lógica es la inferencia, proceso por el cual se derivan conclusiones a partir de premisas.

Las matemáticas son una herramienta básica y fundamental, independientemente del área donde se esté trabajando ya que el uso de ellas estimula la actividad cerebral y agilidad mental.

La intención de este estudio es la creación de un software que le permita al usuario aplicar la combinación del razonamiento, la lógica y las matemáticas para resolver los distintos enigmas presentados, a manera interactiva, llevando un control de puntación personal que sirva de motivación para mejorar su propio desempeño, logrando así agilizar su mente.

El resto del documento se encuentra organizado de la siguiente manera: en la sección 2 se presenta una breve introducción a Java, lenguaje en el que se desarrolló el proyecto, conceptos como agilidad mental y razonamiento, así como los antecedentes del videojuego Cerebrum vs Kronos. En la sección 3 se menciona cómo los videojuegos de esta índole (que incluyen enigmas que estimulen la actividad cerebral) pueden ser una alternativa para fomentar el razonamiento y la agilidad mental, se describe detalladamente el proceso de creación del videojuego con sus distintas etapas, diseño, programación y presentación y también se hace una comparación con otros juegos (mencionados en los antecedentes del marco teórico), destacando las diferencias que contiene con ellos y las ventajas que ofrece con respecto a los mismos. La sección 4 corresponde a los resultados obtenidos de la investigación, se detalla el grupo de control y los principales aspectos que cubre dicho software así como la evaluación del mismo. Finalmente en la sección 5 se presentan las conclusiones, en donde después de analizar los resultados se emite el juicio final de la investigación, así como los requisitos para poder emplear el software.

2 Marco Teórico

2.1 Java [1]

Java es un lenguaje de programación libre, multiplataforma que permite desarrollar software interactivo desde cero, partiendo del diseño de la aplicación, que será la parte con la que el usuario podrá interactuar, la cual habitualmente se presenta de manera gráfica y atractiva; sin embargo, la parte medular del software, es la parte lógica, el código que validará que el programa funcione correctamente.

La principal razón por el cual se empleó Java como lenguaje de programación para el desarrollo del software es la opción multiplataforma que ofrece dicho lenguaje, esto es, la capacidad de escribir el programa una vez y ejecutarlo en cualquier dispositivo, sin tener que hacer modificaciones, sin importar el sistema operativo en el cual el usuario final quiera hacer uso de dicho software.

2.2 Agilidad mental

La palabra agilidad viene del latín agilitas que significa, capacidad de realizar rápida y eficazmente una tarea de cualquier índole, física o intelectual.

La agilidad física es aquella que poseen los atletas de alto rendimiento de cualquier disciplina deportiva que les permite hacer proezas inalcanzables para la mayoría de la población como saltar más de 7 metros de longitud, realizar giros en el aire y caer de pie, levantar más de 120 kg, etc.

Cuando se pronuncia la palabra agilidad, a la mayoría de la población se le viene a la mente la agilidad física y recuerdan a los atletas consagrados de cada época o de los deportes que habitúan observar.

Existe también otro tipo de agilidad, la mental, es igual de importante y sorprendente que la agilidad física, sin embargo, no se le da tanto auge ni importancia aunque aquellos que destacan en su agilidad mental se les considera mentes brillantes, genios o sobresalientes.

La agilidad mental se refiere a la capacidad de solucionar problemas, adaptarse continuamente a las necesidades de cambio del entorno, reflexionar de manera creativa, recordar de forma eficiente y rápida cualquier información almacenada con anterioridad en la memoria. Algunos ejemplos de proezas de agilidad mental son: el resolver operaciones matemáticas sin necesidad de papel, lápiz o calculadora, hacer cálculos complejos, memorizar una gran cantidad de elementos, hablar varios idiomas, etc..

Según [2] y [3], los cálculos exactos dependen del lóbulo frontal izquierdo, lóbulo encargado del lenguaje y la asociación entre palabras. Las aproximaciones o estimaciones matemáticas emplean el hemisferio derecho, aunque también puede participar el hemisferio izquierdo. En la Fig. 1 se muestran las funciones principales de cada hemisferio cerebral.

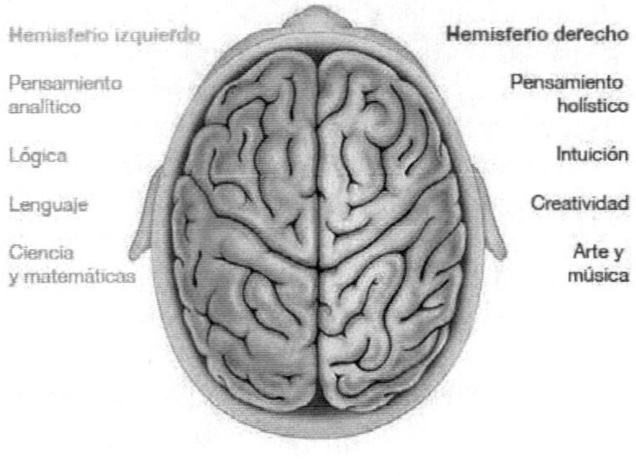

Fig. 1. Hemisferios cerebrales y sus principales funciones.

2.3 Antecedentes de Cerebrum vs Kronos

En este apartado se presentan algunos juegos donde se incentiva la agilidad mental. Estos juegos en cierto modo se relacionan con la propuesta aquí presentada.

2.3.1 Scrabble [4]. Juego creado por Alfred Mosher Butts, arquitecto estadounidense, cuya idea original fue crear un juego basado en letras que tuviera un atractivo adicional, llevar puntaje, resultando en "LEXICO", que fue refinado entre los 1930s y 1940s renombrandose como "CRISS CROSS WORDS". Butts junto con James Brunot, rediseñó el juego, surgiendo "SCRABBLE", y lo patentó en 1948.

Desde dos hasta cuatro participantes pueden jugar Scrabble, el cual consiste en tomar 7 letras aleatoriamente (pueden ser consonantes o vocales donde cada letra tiene un cierto valor) y formar palabras en un tablero con algunas casillas marcadas con bonificaciones adicionales. El puntaje se obtiene al sumar los valores de cada letra más las posibles bonificaciones, se establece un total de puntos a adquirir y el primer jugador que lo logre gana el juego.

2.3.2 Le Mot le plus long (La palabra más larga). Juego para televisión creado por Armand Jammot, siendo su primer emisión el 19 de septiembre de 1965, en Francia, el juego está basado en el popular Scrabble pero con algunas variantes.

El juego consiste en formar la palabra más larga posible con 7 letras aleatorias (vocales o consonantes) pero a diferencia de Scrabble, las letras son las mismas para cada participante (en Scrabble, cada jugador tiene su lote de letras) y se dispone de un tiempo límite de 45 segundos para formar la palabra, el jugador que obtenga la palabra de mayor longitud gana dicha ronda, siendo el vencedor quien más puntos logre acumular a lo largo del juego.

2.3.3 Des chiffres et des lettres (Los números y las letras) [5]. La idea de crear un juego en el que se estimulara la habilidad matemática de los usuarios fue concebida por Armand Jammot en la primera emisión del juego "Des chiffres et des lettres" (Las cifras y las letras) transmitido el 4 de enero de 1972, en Francia, que es la evolución de su juego previo "Le Mot le plus long".

Dicho juego mostraba dos tipos de acertijos, uno lingüístico, llamado "Le Mot le plus long" (la palabra más larga) donde se eligen aleatoriamente 8 letras entre vocales y consonantes y se trata de formar la palabra más larga posible, y otro con números "Le Compte es bon" (la cuenta es correcta) donde se tenían los números iniciales de la siguiente manera, los primeros dos números con un valor entre 1 y 10, y los siguientes 4 números con valores fijos de 25, 50, 75 y 100 y los participantes tenían que encontrar el resultado (un valor entre 100 y 999) empleando los números disponibles más las cuatro operaciones aritméticas básicas.

El jugador que gana es el que llegaba al resultado exacto o a la mayor aproximación del resultado en cuestión. En ambos casos se disponía de 45 segundos para resolver los acertijos.

2.3.4 Countdown [6]. El éxito fue tal del programa original "Des chiffres et des lettres" que en Inglaterra tomaron el concepto, realizaron algunas modificaciones y lo renombraron como "Countdown" (cuenta regresiva) siendo su primera emisión el 2 de noviembre de 1982.

Las modificaciones hechas para "Countdown" fueron que en la sección lingüística se disponía de 9 letras en lugar de 8 y en la sección matemática los primeros 5 números eran valores aleatorios entre 1 y 100 y el sexto número un valor entre 100 y 999. Además de que el tiempo se redujo de 45 a 30 segundos para la resolución de los acertijos.

2.3.5 47 segundos el juego de letras y números [7]. Juego transmitido en México por Canal 22 en el 2005 en el cual participaban dos jugadores en el desafío de los números y las letras. En el desafío matemático se mostraban 4 números aleatorios entre 1 y 10, y los otros dos números eran 25, 50 o 100 y se contaba con 47 segundos para la resolución de dicho enigma. En la sección lingüística eran también 9 letras (como en Countdown) pero con 47 segundos para su solución.

3 Software Interactivo de Razonamiento Lógico-Matemático para fomentar la Agilidad Mental (Cerebrum vs Kronos).

3.1 Razonamiento lógico-matemático y agilidad mental a través de juegos.

Se dice que la práctica hace al maestro y aún para las personas que ya han logrado un nivel de maestría en el dominio de conocimientos o habilidades, es necesaria la práctica permanente, ya sea artística, deportiva, científica o cualquier otra actividad.

En este sentido, para mantener la agilidad mental en buena forma, siempre se ha distinguido la relevancia que tienen las matemáticas; la posibilidad de utilizar diferentes notaciones, simbología y lenguajes gráficos para representar ideas, entender el significado y las reglas para operar los diferentes símbolos, permite mantener y desarrollar la inteligencia así como realizar cálculos, hacer razonamientos, analizar situaciones, resolver problemas y de obtener conclusiones lógicas.

Las matemáticas ayudan a desarrollar una mente ágil y sana, esto aunado al atractivo visual que presenta un videojuego, será de gran interés para fomentar la agilidad mental. La mejor forma de aprender algo que resulta no atractivo per se, es darle un giro lúdico o de entretenimiento, despertando el interés sin darse cuenta de ello, es decir, el usuario incrementará su agilidad mental mediante la diversión de un videojuego, no de una forma impositiva, sino placentera.

3.2 Desarrollo de software interactivo.

Para la creación del Software Interactivo de Razonamiento Lógico-Matemático para fomentar la Agilidad Mental, Cerebrum vs Kronos, se utilizó Java con el ambiente de desarrollo integrado NetBeans [8] para el diseño de la interfaz gráfica y la programación que da soporte y funcionalidad al sistema.

El principal atractivo de este proyecto es que presenta enigmas al usuario cuya resolución estimula la capacidad de razonamiento lógico-matemático, pero de una manera lúdica y llamativa, es decir, muestra al usuario una interfaz de tipo videojuego en la cual en base al continuo uso del mismo, logrará incrementar la agilidad mental.

3.2.1 Descripción. Como el nombre clave lo indica, el objetivo del juego es una competencia entre las habilidades cerebrales del usuario, razonamiento lógico-matemático, contra el tiempo.

En caso de que el usuario resuelva el acertijo, recibe una recompensa, en caso contrario, al agotarse el tiempo establecido, pierde el juego.

El modo de juego presenta un reto peculiar ya que da la solución de un acertijo matemático y el problema del usuario consiste en obtener dicho resultado empleando los números iniciales y las operaciones aritméticas básicas.

El software genera un resultado, el cual se obtiene al emplear siete números iniciales, generados todos aleatoriamente, seis de un dígito y uno de dos dígitos, aplicando las operaciones aritméticas básicas empleadas al azar.

El usuario dispone de dichos números y una calculadora con las operaciones aritméticas, así como dos variables X, Y para almacenar resultados intermedios y tratar de llegar a la solución que presenta el programa.

Para hacer más complejo el reto, se otorgan al usuario 45 segundos para llegar a dicho resultado, si lo resuelve antes del tiempo estimado, los segundos restantes se suman para el siguiente nivel, dándole mayor tiempo de solución para el siguiente enigma, sin embargo, también se incrementa la dificultad de los acertijos conforme se avanza en los niveles.

Una gran ventaja que ofrece este videojuego es que no existe una única solución, la computadora genera una solución posible empleando todos los números.
Puede haber otras soluciones utilizando sólo algunos de los números sin ser necesario hacer uso de cada uno de ellos o inclusive empleándolos todos pero de manera distinta a la presentada por la computadora.

El videojuego presenta niveles infinitos, la diferencia radica en la complejidad del resultado a calcular. A continuación se muestran las categorías que puede obtener el usuario y la dificultad de los niveles:

1. Dedos (básico, nivel 1). El usuario pierde el juego sin poder resolver el primer enigma. Se hace alusión de manera graciosa a la forma de contar empleando los dedos de la mano. El resultado a encontrar es un número entre 10 y 100.
2. Ábaco (principiante, niveles 2 al 5). El usuario adquiere dicha categoría si logra resolver entre 1 y 5 enigmas de manera consecutiva. El resultado a obtener es un número entre 200 y 999.
3. Calculadora (intermedio, niveles 6 al 10). Se obtiene cuando el usuario resuelve entre 6 y 10 acertijos consecutivamente. El resultado propuesto puede incluir números negativos y oscila entre -99 y -10 y entre 200 y 999.
4. Celular Inteligente (avanzado, niveles 11 al 15). Se obtiene al resolver entre 11 y 15 acertijos consecutivamente. El resultado propuesto sigue teniendo la opción de presentar números negativos y oscila entre -999 y -99 y entre 500 y 999.
5. Computadora (experto, nivel 16 y sucesivos (infinitos)). Se obtiene cuando el usuario resuelve más de 15 problemas de manera consecutiva. El resultado propuesto puede incluir también números negativos y oscila entre -999 y -200 y entre 500 y 999.

3.2.2 Desarrollo. Para la creación del software se siguieron tres etapas:

- Diseño de la interfaz gráfica de usuario.
- Programación.
- Presentación al usuario.

3.2.2.1 Diseño de la interfaz gráfica de usuario. Una de las ventajas de emplear NetBeans es que permite al desarrollador la creación de una interfaz gráfica de manera sencilla, ya que se obtiene mediante la colocación los componentes requeridos en el lugar deseado para hacer el software lo más amigable e intuitivo posible para el usuario final.

En esta fase interviene el acomodo los elementos provenientes de la paleta de diseño como son botones, menú, paneles, etiquetas, barras de progreso, etc. en la ventana principal, dando forma a la interfaz gráfica de usuario. En la Fig. 2 se muestra una sección de la paleta de componentes proporcionados por NetBeans con los elementos más usuales de una interfaz gráfica.

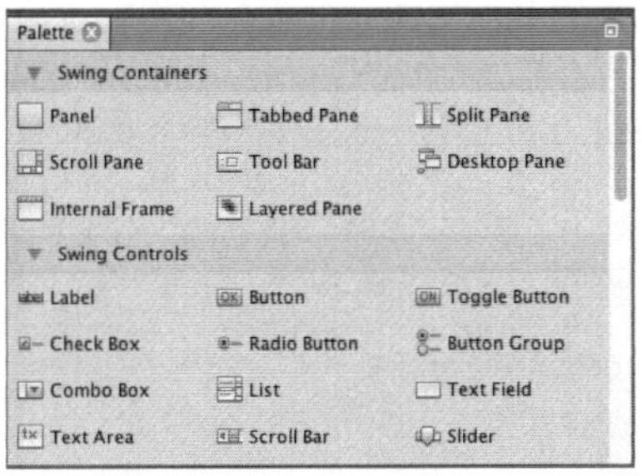

Fig. 2. Paleta de componentes gráficos

Para el juego de Cerebrum vs Kronos, la interfaz muestra el resultado al que hay que llegar, una barra de progreso indicando los segundos restantes, así como los números disponibles para encontrar la solución. En la Fig. 3 se muestra la interfaz en modo de diseño y en modo de ejecución, que es como la visualiza el usuario final. La diferencia entre ambas es que a través del código se generan los números y el resultado, no en la sección de diseño.

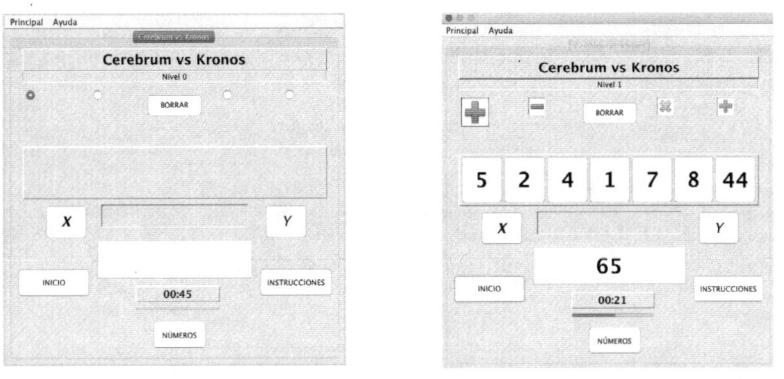

Fig. 3 Ventana principal en modo de diseño y en modo de ejecución

Si el usuario resuelve correctamente el acertijo, avanza de nivel y los segundos restantes se bonifican para disponer de mayor tiempo en el siguiente problema. Si, por el contrario, el tiempo transcurre, el juego finaliza y se muestra la categoría obtenida. En cualquier caso, ya sea que se avance de nivel o se pierda el juego, se muestra al usuario una forma en la que se puede llegar a dicho resultado empleando todos los números, no es la única solución, ya que puede haber varias alternativas para llegar al mismo resultado.

3.2.2.2 Programación. Para este software se empleó el paradigma de Programación Orientada a Objetos, ya que es más fácil controlar la ejecución correcta del sistema que como se hacía previamente con el paradigma de Programación Estructurada.

NetBeans, al ser un ambiente de desarrollo que incluye sección de código y sección de diseño, simplifica la parte de la interfaz gráfica de usuario pero no exime de la parte fundamental de cualquier software, la programación, el poder comunicarle a la computadora lo que debe hacerse en cada momento de la ejecución del programa. En los Listados 1 y 2, se muestra un fragmento de código de esta aplicación.

Listado 1. Segmento de código de Cerebrum vs Kronos con la elección de resultado a obtener de acuerdo al nivel

```
else if((niveles>10)&(niveles<=15)){//Nivel avanzado
        if((resultado>999)|(resultado<-999)|
        ((resultado>-99)&(resultado<500)))
//llamada al método Numeros que genera el resultado
            Numeros();
}
else if(niveles>15){ //Nivel experto
        if((resultado>999)|(resultado<-999)|
        ((resultado>-200)&(resultado<500)))
//llamada al método Numeros que genera el resultado
            Numeros();
}
```

Listado 2. Segmento de código de Cerebrum vs Kronos que muestra parte del comportamiento de la variable X

```
private void bXActionPerformed(java.awt.event.ActionEvent
evt)
    division=true;
    if (bX.getText()=="X"){
        if(lbRes.getText()!=""){
            bX.setText(lbRes.getText());
            lbRes.setText("");
            mate=0;
        }
        else{
          JOptionPane.showMessageDialog(this, "Error, no
hay valor para almacenar en la variable X.","Error",
JOptionPane.ERROR_MESSAGE);
        }
    }
    else{
        if(lbRes.getText()==""){
            mate=Integer.parseInt(bX.getText());
            lbRes.setText(bX.getText());
            bX.setText("X");
        }
```

Dentro de la programación se define el comportamiento de cada uno de los elementos, así como el correcto funcionamiento del programa, validación de errores (lógicos o en tiempo de ejecución), eventos que deben suceder al finalizar el tiempo establecido o cuando el usuario interactúe, todo ello está controlado por el código, siendo este la parte medular de cualquier software.

3.2.2.3 Presentación. Esta etapa es la más importante para el usuario, la presentación del sistema, aquí se ve reflejada la conjunción del diseño de la interfaz con la programación, que dan como resultado el programa en ejecución, es decir, la conclusión del software.

En la Fig. 4 se muestran las instrucciones del juego como se le presentan al usuario en modo de ejecución y en la Fig. 5 la simbología de la interfaz, donde se explica el funcionamiento de la calculadora integrada así como el uso de las variables X y Y para auxiliar al usuario a no tener que realizar operaciones consecutivas para llegar al resultado, sino guardar resultados intermedios y emplearlos después para llegar a la solución planteada.

En la Fig. 6 se muestra el mensaje de felicitación al resolver un acertijo y la bonificación de segundos para el siguiente nivel. La Fig. 7 muestra al usuario una forma de resolver dicho enigma empleando todos los números disponibles que es la empleada por la computadora para generar dicho resultado.

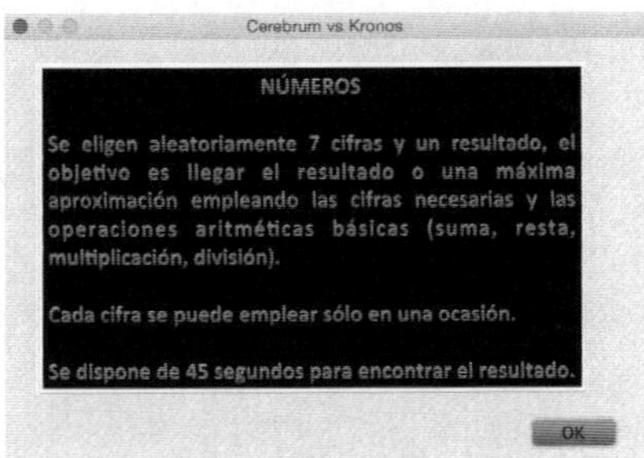

Fig. 4. Instrucciones

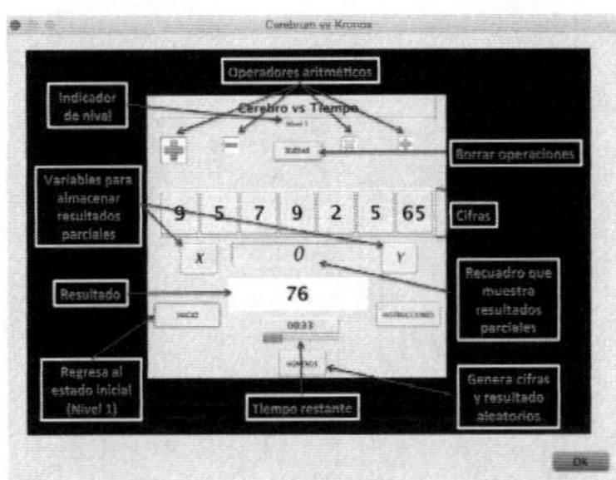

Fig. 5. Simbología

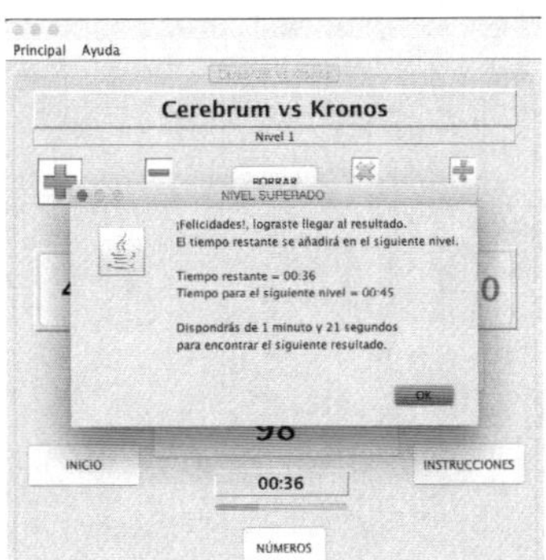

Fig. 6. Felicitación.

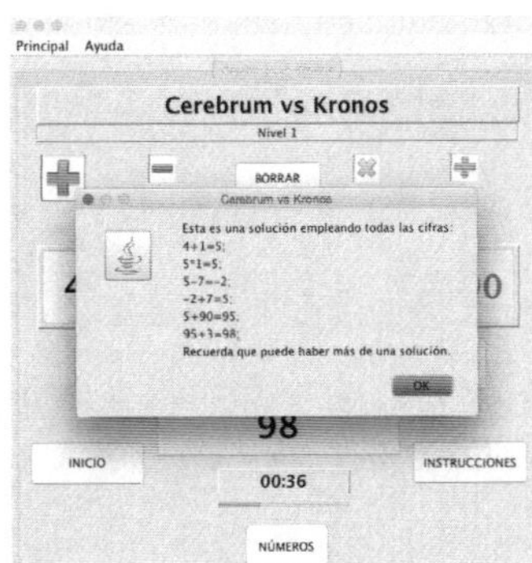

Fig. 7. Posible solución

De la Fig. 8 a la Fig. 12, se muestran las distintas categorías del juego.

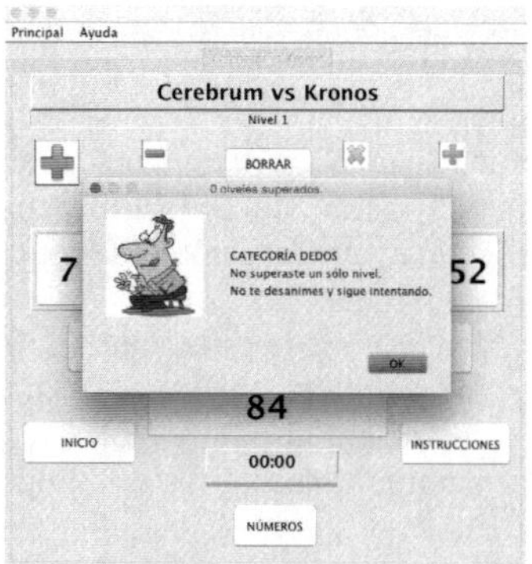

Fig. 8. Dedos

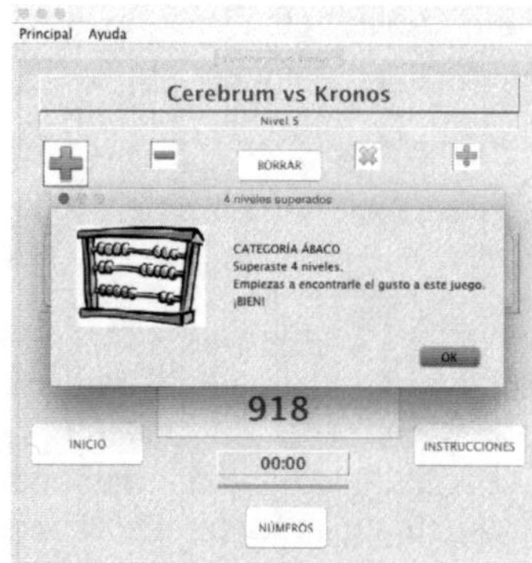

Fig. 9. Ábaco

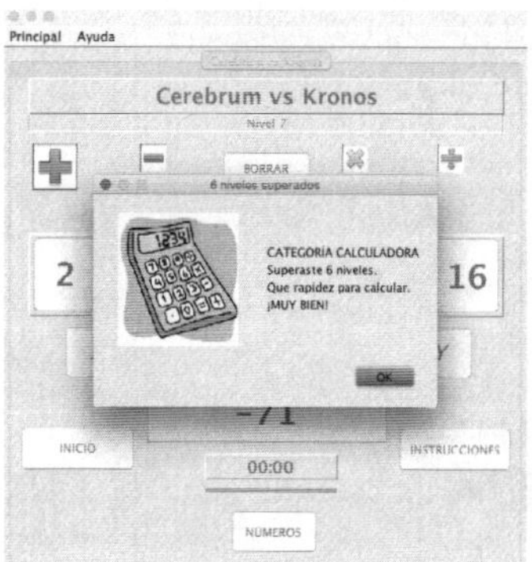

Fig. 10. Calculadora

Fig. 11. Celular inteligente

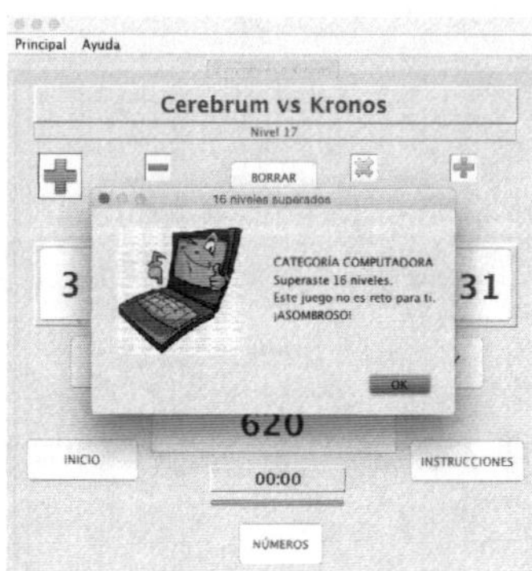

Fig. 12. Computadora

Como se mencionó previamente, el juego presenta niveles infinitos pero solamente cinco categorías posibles para el jugador. El juego está diseñado para que a partir del nivel 15, genere operaciones cuyo resultado propuesto oscile entre -999 y -200 y entre 500 y 999, lo cual es un nivel de complejidad bastante elevado y, como hay restricción de tiempo, eventualmente el usuario no será capaz de resolver el enigma propuesto.

Al ser Java el lenguaje de programación empleado, el número máximo alcanzable de un objeto tipo Integer (que es el tipo de dato de la variable "niveles") es 2,147'483,647, sin embargo, ¿qué sucede si se le suma uno a dicho valor? Cambia al valor mínimo posible, -2,147'483,648 (negativo), es decir que se empezaría la cuenta regresiva hasta llegar al nivel 0 y continuaría avanzando positivamente hasta el número máximo posible nuevamente, generando un ciclo infinito de 4,294'967,296 valores posibles.

¿Cuánto tiempo tomaría completar dicho ciclo? Si se considera la resolución de cada nivel en un promedio de 10 segundos, se tendrían 42,949'672,960 segundos, es decir, 11'930,465 horas, que equivalen a 497,103 días que son 1,362 años, siendo, obviamente, irrealizable dicha tarea.

¿Tiene el juego Cerebrum vs Kronos niveles infinitos? La respuesta es un contundente sí, sin embargo, aún resolviendo dicho número de niveles, imposible según el cálculo anterior y siguiendo el comportamiento normal del juego, para el nivel siguiente contaría con el tiempo restante del nivel anterior y 45 segundos de bonificación, el resultado seguiría oscilando entre los mismos valores, sin embargo, su categoría sería "Computadora", porque al resolver más de 15 niveles, se considera dicho rango.

En las Fig. 13 y Fig. 14 se muestran capturas de pantalla con la modificación desde el código fuente iniciando en el nivel 2,147'483,647 y lo que sucede al resolverlo. En la Fig. 15 y Fig. 16 se muestra el nivel -2,147'483,648 (valor mínimo posible de tipo Integer) y su solución.

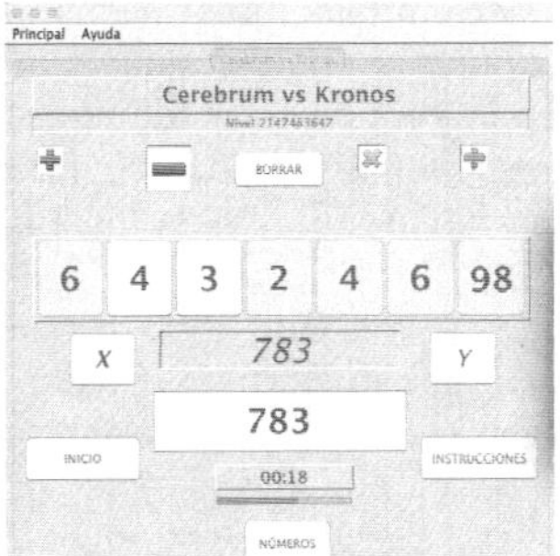

Fig. 13. Nivel 2,147'483,647

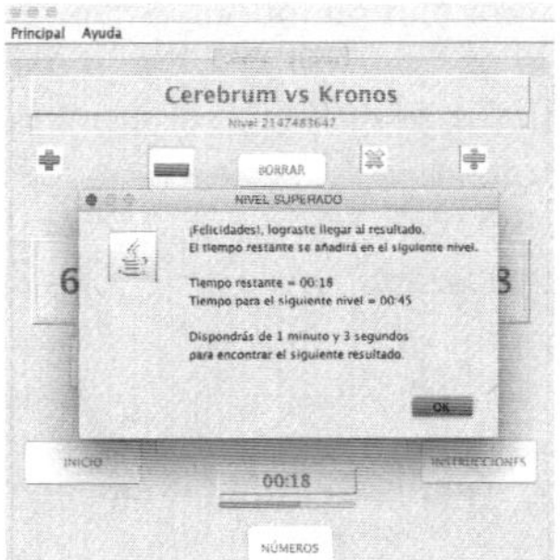

Fig. 14. Nivel 2,147'483,647 resuelto

Fig. 15. Nivel -2,147’483,648

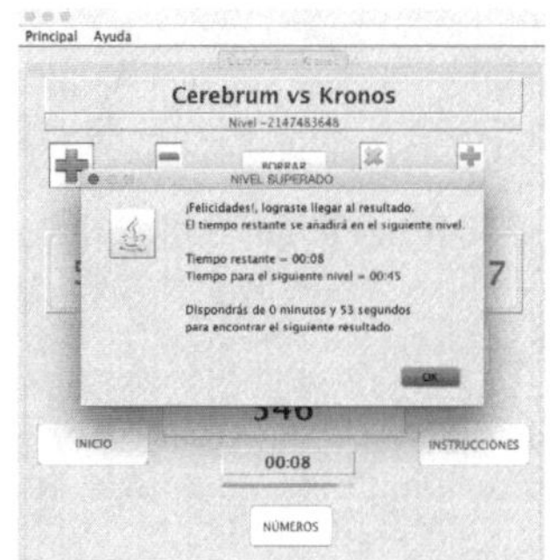

Fig. 16. Nivel -2,147’483,648 resuelto

¿Cómo avanzar en el juego hasta llegar a la máxima categoría? La estrategia es sencilla, tratar de acumular la mayor cantidad de segundos posibles en los niveles iniciales para disponer de más tiempo en los niveles avanzados.

3.3 Diferencias con otros juegos similares.

A pesar de haber tomado como referencia la parte matemática de los demás juegos como “Des chiffres et des lettres”, “Countdown” y “47 segundos”, hay características distintas que hacen particularmente atractivo el juego de Cerebrum vs Kronos y se mencionan a continuación.

Cerebrum vs Kronos es para un jugador, por lo que simplifica su uso, al no ser necesario involucrar a más personas, ahora que de requerirse, se puede emplear papel y lápiz para que 2 o más jugadores puedan participar en el juego, obviamente, esto elimina la opción de emplear la calculadora interna del videojuego.

Como se mencionaba anteriormente, en el modo normal (un jugador), no se requiere de papel y lápiz para el juego, ya que se incluye una calculadora con las operaciones aritméticas básicas y la opción de dos variables de almacenamiento para realizar los cálculos, que a pesar de simplificar la tarea, no libra al usuario de emplear sus habilidades de razonamiento lógico y matemático para resolver los enigmas presentados.

El juego además tiene la peculiaridad de que siempre se puede llegar al resultado propuesto, aspecto que no es requisito en los otros juegos, porque al ser entre dos o más jugadores, el ganador de la ronda puede evidentemente haber llegado al resultado exacto, pero en caso de que ninguno lo haga, aquel que llegue a la máxima aproximación será quien obtenga los puntos, siendo esta característica insuficiente en Cerebrum vs Kronos, ya que al no llegar al exacto, se pierde el juego.

Inclusive puede suceder en los juegos anteriores que el resultado presentado sea imposible de obtener con los valores iniciales, ya que el resultado se genera aleatoriamente sin tomar en cuenta los números iniciales, mientras que en Cerebrum vs Kronos el resultado es calculado en base a los números iniciales con operaciones aleatorias por lo que siempre habrá, por lo menos, una solución para cada acertijo.

La solución planteada por la computadora (mostrada al ganar cada nivel) puede no ser única ya que el usuario puede emplear sólo los números necesarios sin ser requisito hacer uso de los valores iniciales o llegar al resultado empleando todos los números pero con operaciones distintas a las realizadas por la computadora.

Otra peculiaridad es que son siete en lugar de seis números iniciales, sin embargo, no se cuenta con números definidos como 25, 50 o 100, sino que será siempre el séptimo valor un número aleatorio de dos cifras, haciendo más compleja la resolución ya que es más complicado intentar trabajar con números como 48 o 73 que con múltiplos de 5 como los mencionados previamente.

Además tiene la característica de que si se resuelve el acertijo antes del tiempo establecido, existe bonificación de tiempo para el siguiente nivel, buscando siempre avanzar el mayor número de niveles en cada juego, estimulando mentalmente al usuario a través del deseo de superación personal en el videojuego.

4 Resultados

Al finalizar el videojuego, se presentó a personas de distintas edades y niveles educativos con la intención de que pudieran opinar sobre este software y recopilar información basada en dichas referencias. El tiempo de empleo de dicho software fue variable, dependiendo de la situación particular de la persona, sin embargo, se recolectó información al cabo de dos meses de cuando se dejó el programa a disposición de los integrantes del grupo de control.

La forma de recolectar información referente a la efectividad del software se realizó a través de encuestas, las cuales arrojaron los resultados más representativos del juego. La Fig. 17 muestra la opinión sobre lo atractivo del videojuego, en las Fig. 18 y Fig. 19 se refleja la dificultad del juego, por su complejidad matemática y por su interfaz. La Fig. 20 muestra la mejora en habilidad matemática mientras que las Fig. 21 y Fig. 22 indican las edades de los participantes y las categorías obtenidas, respectivamente.

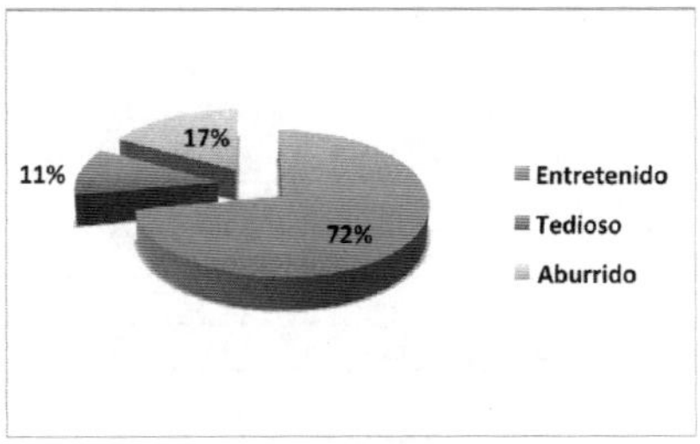

Fig. 17. Calificación del videojuego

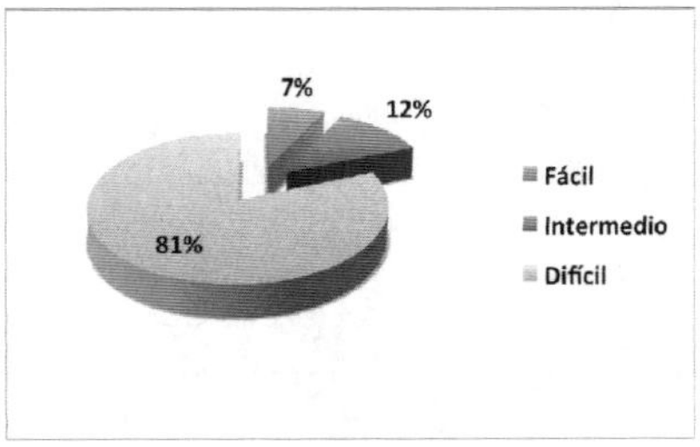

Fig. 18. Complejidad para ganar

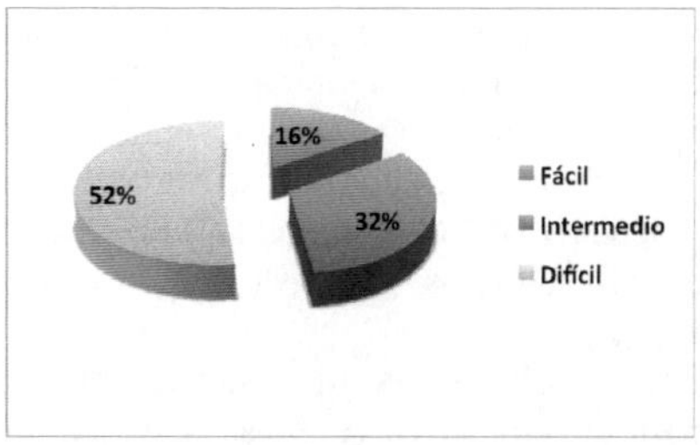

Fig. 19. Sencillez de la interfaz

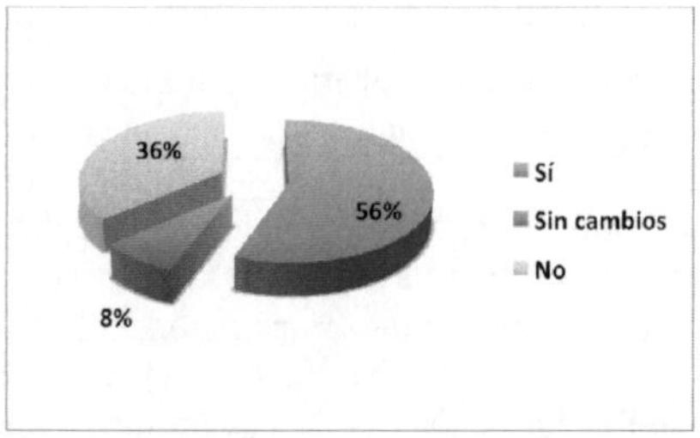

Fig. 20 Mejora en el cálculo mental después de emplear el software

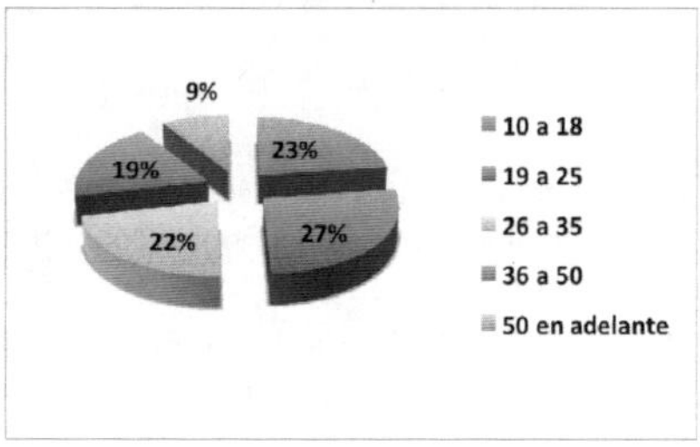

Fig. 21. Edades de usuarios

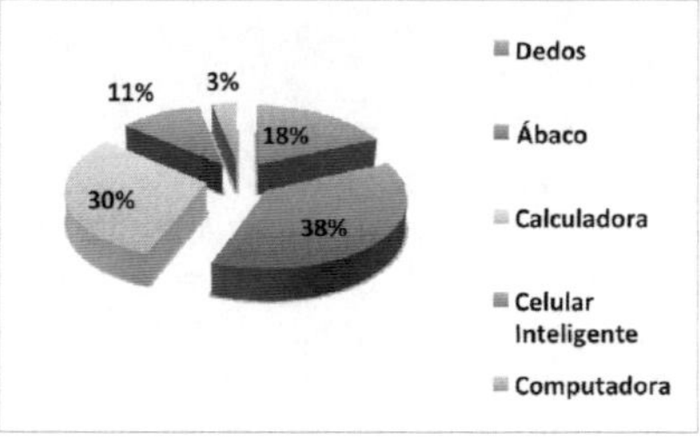

Fig. 22. Categoría obtenida

Como se puede observar en los resultados arrojados por la encuesta, la mayoría de las personas avanzaron solamente entre 2 y 10 niveles y sólo unos cuantos lograron llegar a las categorías "Celular Inteligente" (10 a 15 niveles) y "Computadora" (16 en adelante), también hubo algunas personas que obtuvieron la categoría "Dedos", lo cual nos muestra una distribución de una campana de Gauss sesgada siendo el valor más repetido "Ábaco" y muy pocos en los extremos "Dedos" y "Computadora".

Tabla 1. Categoría moda (mayor frecuencia) obtenida de acuerdo a los rangos de edades

Rango de edades (en años)	Categoría moda (mayor frecuencia)
10 a 18	Ábaco
19 a 25	Ábaco
26 a 35	Calculadora
36 a 50	Calculadora
50 en adelante	Ábaco

La mayoría de los encuestados también estuvieron de acuerdo en este tipo de alternativas para la mejora de la agilidad mental, además de que quedó demostrado que este método funciona al ser una manera de que el usuario, sin darse cuenta, mejora su capacidad de abstracción, concentración y por ende, su agilidad mental, apelando al entretenimiento y al reto personal que el software presenta.

Como caso único y digno de mención, un jugador de 33 años, alcanzó el nivel 57, obteniendo obviamente categoría "Computadora", sin embargo queda para el anecdotario ya que es el jugador que más lejos ha llegado en el juego Cerebrum vs Kronos.

5 Conclusiones

La gran ventaja de haber elegido Java como base para este proyecto es su interoperabilidad, es decir, que puede correr bajo cualquier sistema operativo convencional de computadoras (Windows, Mac OSX, Linux) e inclusive puede ser ejecutado en cualquier celular inteligente o tableta con sistema operativo Android.
Es necesario aclarar que aunque Android y Java son tecnologías similares, no son enteramente compatibles, por lo tanto es necesario que el celular inteligente o tableta cuente con JBED [9] (Maquina Virtual de Java) para sistemas Integrados) instalada para su correcto funcionamiento.

El software viene en formato JAR, el cual simplemente se ejecuta, no es necesario instalarlo en ninguna computadora o dispositivo inteligente (celular o tableta). Los requerimientos mínimos para la ejecución del sistema Cerebrum vs Kronos son:

- 256MB (memoria RAM).
- 3MB en disco duro de computadora o almacenamiento interno de celular o tableta.
- Windows XP o superior, MAC OS Tiger o superior, Linux (2007 a la fecha), para dispositivos inteligentes, Android 4.4 o superior.
- Máquina virtual de Java instalada en los sistemas operativos convencionales para equipo de cómputo (Windows, MAC OS X, Linux, etc), en celular o tableta JBED instalada (para Android).

Esta alternativa está disponible para todas las edades (con conocimiento básico de álgebra) para fomentar su agilidad mental y el razonamiento lógico-matemático a través de un videojuego.

En la actualidad cada vez más gente está más familiarizada con el uso de software como auxiliar en las tareas a realizar; teniendo esto en consideración, con la creación de este software se presenta al usuario una herramienta atractiva con el fin loable de agilizar su mente, mediante la concentración y el reto de emplear razonamiento lógico-matemático para resolver enigmas.

Gracias a este estudio, se mostró la diferencia que puede hacer la presentación interactiva de un videojuego (con fines más allá del entretenimiento) ya que se traza un puente entre un elemento lúdico y el estímulo de la agilidad mental del usuario con la ventaja de que el usuario aprende sin ser consciente de que aprende, aún tomando como base las matemáticas y el razonamiento lógico, temas considerados como difíciles o poco atractivos para una gran parte de la población.

Referencias

1. Oracle. (12 de Enero de 2013). *Java™ Platform, Standard Edition 7 API Specification*. Recuperado el 15 de Enero de 2016, de Java™ Platform, Standard Edition 7 API Specification: https://docs.oracle.com/javase/7/docs/api/
2. Vargas, R. A. (Diciembre de 2013). Matemáticas y neurociencias: una aproximación al desarrollo del pensamiento matemático desde una perspectiva biológica. *Revista Iberoamericana de Educación Matemática*, 37-46.
3. Radford, L., & André, M. (2009). Cerebro, cognición y matemáticas. *Revista latinoamericana de investigación en matemática educativa*.
4. Hasbro. (1 de Enero de 2010). *Scrabble*. Recuperado el 11 de Mayo de 2016, de Scrabble Hasbro Gaming: http://scrabble.hasbro.com/en-us/
5. Télévisions, F. (1 de Enero de 2014). *FRANCE 3*. Recuperado el 11 de Mayo de 2016, de DES CHIFFRES & DES LETTRES: http://www.france3.fr/emissions/des-chiffres-et-des-lettres/jeu_263721
6. Wikipedia. (1 de Enero de 2014). *Countdown in Wikipedia*. Recuperado el 11 de Mayo de 2016, de Countdown (game show): https://en.wikipedia.org/wiki/Countdown_(game_show)
7. Facebook. (16 de Octubre de 2010). *47 segundos TV show*. Recuperado el 11 de Mayo de 2016, de 47 segundos en Facebook: https://www.facebook.com/47-Segundos-277489811603/
8. Oracle. (1 de Enero de 1999). *NetBeans*. Recuperado el 11 de Mayo de 2016, de NetBeans IDE: https://netbeans.org
9. mohammadN. (26 de Julio de 2012). *Malavida*. Recuperado el 11 de Mayo de 2016, de JBED Android en Malavida: http://www.malavida.com/es/soft/jbed/android/

La inclusión digital favorecida por el diseño pensado en el usuario

Omar Antonio Vega[1]

[1]Facultad de Ciencias e Ingeniería, Universidad de Manizales,
Carrera 9 No. 19-03, Manizales, Colombia
oavega@umanizales.edu.co, omarantonio.vega@gmail.com

Resumen. La(s) Sociedad(es) de la Información y el Conocimiento tiene en la Inclusión digital la posibilidad de buscar la universalidad en el acceso y uso de las TIC, a pesar de los diversos obstáculos existentes para lograrlos. En el documento se pretende dirigir la mirada hacia el diseño y producción informática que tenga como eje al usuario final, y su posible relevancia en procesos de inclusión digital, al facilitar el desarrollo de competencias informáticas e informacionales requeridas para una adecuada y productiva incorporación en la sociedad digital.

1 Introducción

El auge creciente de las Tecnologías de la Información y la Comunicación, TIC, y su incorporación en las diversas manifestaciones humanas mediante escenarios caracterizados por "la presencia de Internet, con la Web 2.0 y 3.0, las redes y la "nube" promueven y se desarrollan nuevas formas de pensar, producir, comunicarse, investigar, conocer, trabajar, aprender y enseñar; paralelamente hay una creciente disponibilidad de recursos tecnológicos de uso libre (simulaciones, laboratorios remotos, videos, blogs, podcasts, foros, etc.) y junto con ello, un creciente acceso a las tecnologías por parte de los alumnos potenciales (Internet, iPod, netbook, tablet, smart phone, etc.)" [1], ha implicado transformaciones en los comportamientos individuales y colectivos.

A pesar de las evidencias de brecha digital en sus múltiples dimensiones (generacional, de género, geográfica, etc.), es innegable que los procesos dependen cada momento más de los soportes informáticos, al punto de que una 'caída de internet' provoque caos y suspensiones de actividades. Debido a lo anterior, "las modernas organizaciones demandan personas con habilidades para la resolución de problemas, la toma de decisiones, la capacidad de trabajo colaborativo y la adaptación flexible a los cambios rápidos, que se producen en la sociedad del conocimiento" [1].

Desde diversos frentes se adelantan estrategias hacia el aumento de cobertura de acceso a las TIC en la perspectiva de consolidar la(s) Sociedad(es) de la Información y el Conocimiento. En esta dirección, los productores de software y hardware se convierten en actores primordiales, al propiciar características de usabilidad/accesibilidad que aumentan las posibilidades de uso adecuado y productivo.

El documento pretende discutir la integración de la producción informática y la inclusión digital como planteamiento de una visión holística en la sociedad digital, por lo que se presentan tres capítulos: inicialmente, un recorrido por la temática de inclusión digital en cuanto a su conceptualización, luego se aborda el diseño con el usuario como eje central, para posteriormente plantear la relación de las características de los aplicativos en procesos inclusivos, considerando aspectos fundamentales, para cerrar con algunos comentarios a manera de conclusiones.

2 Inclusión digital

La(s) sociedad(es) de la información y el conocimiento tiene(n) inmersa la brecha digital, un concepto que ha venido evolucionando, desde el simple acceso a una terminal de cómputo hasta considerar la calidad del uso, llevando al surgimiento de una nueva clasificación de los países entre *inforricos* e *infopobres*. Sus consecuencias pueden ser representadas con un círculo vicioso, donde las mayores posibilidades de formación, acceso a la información y facilidad de prever y adaptarse a los cambios de una economía globalizada corresponden a quienes usan intensiva y racionalmente las TIC, en tanto las personas, instituciones, comunidades y países que no lo hacen son mucho más susceptibles a ellos.

Para confirmar dicha situación, es pertinente la siguiente analogía: "al igual que en su día el ferrocarril, o las autopistas generaron desigualdades, ahora son las TIC. El ferrocarril llevó la riqueza a los pueblos en los que se pusieron estaciones, pero esa riqueza se perdió en las poblaciones que quedaron aisladas, y en muchos casos se produjeron migraciones que hicieron que en las poblaciones privilegiadas por el ferrocarril aparecieran comunidades marginadas (...). Esto mismo ocurrirá con las regiones que no se adapten en infraestructuras y con los trabajadores que no adquieran una formación adecuada" [2].

Ante dicho fenómeno surge el concepto de inclusión digital o *e-Inclusion*, hacia el año 2002, cuando el Consejo Europeo aprueba el plan de acción *eEurope*, para referirse a "un problema complejo cuya resolución excede a un sector o actor social determinado, el fortalecimiento de redes interinstitucionales que integren a escuelas, ONG, universidades, Estado, empresa, reguladores telefónicos, también colabora fuertemente con la superación de esta brecha" [3], ya que "no significa sólo el uso de las TIC para intercambiar e-mails, jugar y consumir, sino que significa sobre todo el uso con sentido de las TIC e Internet, con el fin de favorecer el desarrollo de los usuarios, mejorar sus condiciones de vida, educción, trabajo, medio ambiente, etc." [4].

Teniendo presente que la inclusión digital debe superar la simple extensión masiva de las TIC (mediante ubicación de equipos en determinados lugares, tarifas reducidas para acceso a internet y disminución en los precios de computadoras) para enfrentar la *brecha digital de segundo orden*[1], Garro [6] presenta aspectos fundamentales:

---

[1] Se refiere "a las complejidades de orden social que dificultan que la tecnología asuma un real significado, tendiente a facilitar cambios sociales que de ellas se esperan. Y pudiendo incluso profundizar las distancias sociales que en teoría la tecnología debería superar" [5].

- Construcción de las conectividades e infraestructuras tecnológicas básicas, relacionado con la disponibilidad de computadoras y conexión a Internet a bajo costo, suficientes líneas telefónicas y un servicio asequible, además de tener capacidades básicas para utilizarlos, como leer, escribir y condiciones mínimas para el uso de dispositivos.

- Usos, apropiación y extensión, que implica generar y fortalecer capacidades necesarias para la producción de contenidos por parte de los usuarios (apropiación) e incorporar grupos rezagados en el uso, mediante políticas específicas que faciliten el acceso equitativo (extensión), generando un uso con sentido de las tecnologías digitales en un marco respetuoso de la diversidad étnica, cultural, social, tecnológica y ambiental. Lo anterior ratifica que "diferentes investigaciones se encuentran inmersas en demostrar que el uso de las tecnologías no convierte en alfabetos digitales a los usuarios de las TIC" [7], así posean un dispositivo de alta gama para realizar actividades elementales o permanezcan largas tiempos ejecutándolas.

- Generación de cambios, que conlleva a nuevas formas de participación ciudadana mediante el uso intensivo de las TIC.

Es por ello que se asume la inclusión digital como "el conjunto de políticas y estrategias tendientes a eliminar los obstáculos que limitan o impiden la participación activa y el aprovechamiento de las TIC en la cotidianidad de la sociedad de la información y el conocimiento, sin distingo alguno y de una manera consciente, sistemática y con miras a su transformación personal y colectiva, en pos del mejoramiento de su calidad de vida" [6], que puede resumirse en un proceso continuo y ascendente de los estadios: acceso a las TIC, uso de las TIC y apropiación social de las TIC[2].

En la búsqueda de materializar la inclusión digital, se han adelantado diversas iniciativas de orden público, privado y mixto, entre las que se destacan el Fondo de Solidaridad Digital en el ámbito mundial, y las campañas nacionales ejecutadas en diferentes países, cuyos componentes comunes son:

– Comercio electrónico, para incorporar a las empresas (estatales y privadas), productores, asociaciones y sociedad civil a la economía digital.

– Desarrollo productivo e innovación tecnológica, mediante la promoción de la gestión estratégica basada en herramientas TIC para mejorar las capacidades empresariales y automatizar procesos de producción.

– Gobierno en línea, que busca la modernización del gobierno, la transparencia de la gestión pública y la participación ciudadana.

– Incubadoras de empresas de base tecnológica orientadas al desarrollo de software de calidad y productividad, que atienda las necesidades del entorno.

– Redes académicas y de investigación, que pretende capacitar en el uso informático, el intercambio de información para mejorar los niveles de formación y la producción científico-tecnológica, además de lograr la conexión a redes internacionales.

---

[2] "Entendida como el proceso material y simbólico de interpretación y dotación de sentido respecto a un determinado artefacto cultural por parte de un grupo social, por sobre el de consumo. Mientras que este último término presupone que las posibilidades de acción vienen predeterminadas y cerradas en las propias tecnologías, el concepto de apropiación pone el énfasis en la capacidad de los sujetos para volverlas significativas de acuerdo con sus propios propósitos" [8].

– Telecentros o infocentros comunitarios, tendientes a facilitar el acceso a las TIC a grupos sociales menos favorecidos y alejados de los centros de desarrollo, fortaleciendo su integración social y económica, ampliando sus espacios de participación y acceso a la información y servicios públicos.

3 El usuario como centro y objetivo

Paralelo al auge digital, el usuario final ha cambiado en función de sus intereses, necesidades y expectativas, conformando una alta diversidad de categorías, cuyo dinamismo, unido a la rápida evolución de la oferta de dispositivos, requiere que la industria TIC enfoque sus esfuerzos a identificar nichos específicos, mega y microtendencias, situaciones emergentes y cambios comportamentales, para ofrecer soluciones favorecidas por la creatividad e innovación, la responsabilidad social, la calidad integral del producto/servicio y el aporte a una mejor calidad de vida, ya que "el usuario necesita ver al sistema interactivo que está utilizando en su computadora como una herramienta capaz de ayudarlo a resolver sus problemas, a concretar sus intenciones. Pero esto no siempre es así. Es muy común que se le sume innumerables problemas más al utilizar el software, debiendo solucionar fallos o errores producidos cuyas causas no son claras, aprender cuestiones técnicas imprevistas, incurrir a ciertas artimañas para sortear obstáculos innecesarios, adivinar cómo realizar determinada tarea recurriendo a la técnica de prueba y error" [9], ello sin olvidar que, y solo a manera de ejemplo sobre otras situaciones limitantes, "el principal medio de interacción con una computadora es el ratón y el teclado. (…) Una dificultad o desventaja de estos dispositivos es que, en muchos casos, existen usuarios que poseen impedimentos propios de la discapacidad que traen aparejados movimientos involuntarios" [10].

A inicios de los '90s, con la creciente popularización de las computadoras, se empiezan a aplicar técnicas y métodos considerando al usuario, mediante la aparición de la Interacción Humano-Computador (*Human Computer-Interaction*, HCI o IHC), entendida como "el estudio de la interacción entre el ser humano, las computadoras y las tareas que se desarrollan; principalmente se enfoca a conocer cómo la gente y las computadoras pueden interactuar para llevar a cabo tareas por medio de sistemas y software [con contribuciones] que se han tomado de las ciencias de la computación, psicología, matemáticas, artes gráficas, sociología, inteligencia artificial, lingüística, filosofía, antropología y ergonomía" [11]. Así, "la aplicación de IHC a problemas comunes y que no han sido resueltos es de gran importancia. Podemos mencionar que actualmente desde una perspectiva de IHC se ha puesto atención a la generación de sistemas y aplicaciones para ayudar a las personas con algún tipo de vulnerabilidad, cognitiva o discapacidad física" [12].

HCI puede concebirse como un área de las Ciencias de Computación, "que se encarga del diseño, evaluación e implementación de sistemas de computación interactivos, para el uso humano, incluyendo el estudio de todos los fenómenos concernientes a ello (…) [con alcances] muy difusos y, pueden influir en ella factores muy heterogéneos, desde aspectos tecnológicos vinculados al hardware a aspectos sociales o psicológicos del usuario. Inciden además, cuestiones diversas como facilidad de uso, productividad, eficacia para expresar distintas posibilidades, capacidad de adaptación de acuerdo a distintos usuarios, desde niños a personas de mayor edad, pasando por distintas culturas y características sociales" [9], lo que explica que "el objetivo central de la investigación en HCI no es principalmente el desarrollo de sistemas que entiendan a los usuarios, sino el desarrollo de sistemas que los usuarios entiendan, sistemas que los usuarios sean capaces de modelar ellos mismos" [11].

3.1 Diseño centrado en el usuario

A pesar de la utilización exclusiva por personal especializado de las primeras computadoras, cuya función principal se centran en manejar el sistema, teniendo como prioridad su eficiencia, rápidamente empiezan a aflorar necesidades referidas al uso del equipo, como las planteadas por Licklider [13].

El diseño centrado en el usuario (*Human-Centred Design*, HCD), entendido como "un enfoque para el diseño y desarrollo de sistemas que tiene como objetivo hacer sistemas interactivos más usables, centrándose en el uso del sistema y aplicando factores humanos/ergonomía y los conocimientos y técnicas de usabilidad" [14], se constituye en una alternativa diferenciada en que el usuario "juega un rol preponderante en todas las etapas de desarrollo, desde la etapa inicial donde se lo modela, hasta participar en evaluaciones del producto, o en sugerir aspectos de diseño" [9].

3.2 Accesibilidad y usabilidad web

La accesibilidad, un término procedente de la geografía, puede considerarse como "la posibilidad de que un producto o servicio web pueda ser accedido y usado por el mayor número posible de personas, indiferentemente de las limitaciones propias del individuo o de las derivadas del contexto de uso" [15], mientras que la usabilidad, es la combinación de los factores que afectan al usuario cuando interactúa con páginas web, como la facilidad de aprender, la eficacia del uso, la frecuencia y severidad de errores y la navegación misma [16], por lo que "en definitiva, la usabilidad de un sitio Web difícilmente sea la óptima para todos los casos, pero existen una serie de atributos y de reglas que deben ser tenidos en cuenta" [17].

No obstante, considerando que el objetivo del diseño de un sitio web es permitir su acceso y uso por el mayor número posible de personas, independientemente de las limitaciones propias del individuo o de las derivadas del contexto de uso, Nielsen [18] señala la dificultad, e incluso lo innecesario en muchos casos, de separar la usabilidad (facilidad de uso) de la accesibilidad (facilidad de acceso).

Es importante considerar los principios de Diseño Universal [19], planteados con la intención de obtener cobertura amplia, en el marco de diversas situaciones, sin perder su condición comercial: - Uso equitativo, permitiendo ser usable y adquirible por las diferentes personas, - Uso flexible, al acomodarse a diversos gustos, habilidades y necesidades, - Uso simple e intuitivo, que permita ser usado por diferentes personas sin distingos de experiencia, conocimiento, habilidades de lenguaje ni nivel de concentración, - Información perceptible, al presentar de manera efectiva la información necesaria, independientemente de sus habilidades y competencias, - Tolerancia para errores, al minimizar los posibles incidentes ocurridos al azar y sus consecuencias, - Esfuerzo físico mínimo para el uso eficiente y confortable por parte del usuario, y - Tamaño y espacios adecuados para que se pueda usar sin dificultad alguna.

La usabilidad/accesibilidad deben considerarse al diseñar software, pero también evaluarlos en aplicativos ya existentes o en proceso. Al respecto, el mejor método es pedirles a las personas que utilicen las interfaces, aunque hacen recomendaciones para comprobaciones sin utilizar usuarios: - Acudir a recomendaciones sobre accesibilidad para diferentes sistemas operativos, - Comprobar el funcionamiento de la interfaz utilizando únicamente el teclado, así como si las operaciones resulta excesivamente complicadas de ejecutar con una sola mano o un dedo, - Comprobar el funcionamiento de las herramientas básicas de ampliación de la pantalla disponibles en sistemas operativos, y - Cambiar los tipos de letras estándares y tamaños grandes, para comprobar la visualización de la aplicación [20].

A la evaluación de la accesibilidad se han incorporado uso de métodos y técnicas habituales en el campo de la usabilidad y el diseño centrado en el usuario, propiciando la convergencia entre usabilidad y accesibilidad [21]. Una de ellas, centradas en el usuario, es la evaluación heurística que consiste "en que un grupo de expertos valore si los elementos de la interfaz del usuario de un sitio web o aplicación se corresponden con los principios de usabilidad establecidos a partir de una lista de principios o heurísticas. Esta técnica consigue detectar un gran número de problemas de usabilidad en sitios web con un menor coste que las técnicas que involucran usuarios" [22].

Las 10 reglas heurísticas de usabilidad de Nielsen [23] se convierten en el referente más importante para evaluaciones heurísticas de sitios web: 1. Visibilidad del estado del sistema. 2. Utilizar el lenguaje de los usuarios. 3. Control y libertad para el usuario. 4. Consistencia y estándares. 5. Prevención de errores. 6. Minimizar la carga de la memoria del usuario. 7. Flexibilidad y eficiencia de uso. 8. Los diálogos estéticos y diseño minimalista. 9. Ayudar a los usuarios a reconocer, diagnosticar y recuperarse de los errores. 10. Ayuda y documentación.

4 La relevancia de las aplicaciones en los procesos de inclusión digital

Ante la transformación del usuario de simple consumidor de información en *prosumidor* (consumidor + productor), favorecida por la denominada web 2.0, afloran dinámicas que le exigen a la industria TIC la incorporación de creatividad, innovación y detección de intereses particulares y masivos. Así, O'Reilly, durante un discurso en la Universidad de Berkeley, plantea: "una verdadera aplicación Web 2.0 es una que mejora mientras más personas la usan. Por eso, el corazón verdadero de la Web 2.0 es la capacidad de aprovechar la inteligencia colectiva" [24].

Pero no se trata solamente del rol asumido por el usuario, sino también del medio de acceso. Según Artopoulos [25], el mundo de la tecnología digital al proletarizarse hace surgir la cuarta pantalla (celulares inteligentes y otros dispositivos móviles con capacidades de procesamiento avanzado), que se une a las otras tres antecesoras (cine, televisión y computadora personal), las cuales en un principio funcionaron de manera aislada y ahora convergen, integrando funciones en una *plataforma reticular sin costuras*, lo cual origina nuevas formas de cohesión social.

Así, las "páginas Web donde poder alojar videos están cargadas de narraciones amateur, personales, bloopers, y creaciones sin género[3]. Qué sucede cuándo profesionalmente se pretende producir para las nuevas pantallas. Se cae en la réplica de las viejas pantallas. Como le sucedió a cada nuevo medio, intentar seguir los pasos de un medio anterior brinda seguridad y afianzamiento en la propuesta hasta la obtención paulatina de su propia identidad. Esto está sucediendo con las nuevas pantallas" [26].

Por tal dinamismo, es obvio entender que los procesos de inclusión digital deben superar el simple acceso a las TIC (tan promocionado por diversas iniciativas, especialmente gubernamentales), para facilitar el desarrollo de competencias informáticas (que permitan eliminar el analfabetismo digital) y competencias informacionales (que señalan el camino para el uso con valor de la información, en procura de transformaciones individuales y colectivas).

Tal reto es de una magnitud, quizás aún no comprendida plenamente, pues implica la mirada holística a la vez que se respeta la diversidad, exige la individualización en tanto se asegura cobertura, requiere alta calidad con costos razonables. Sin embargo, manera de ejemplo, afloran dificultades causadas por los anuncios publicitarios y los CAPTCHA para que los adultos mayores accedan y usen algunas redes sociales [27], o que "los usuarios no siempre entienden qué acción se debe acometer, - Les resulta difícil o imposible visualizar el captcha, como en el caso de los re-captchas, que proponen al usuario que transcriba una serie de letras y/o números, y en ocasiones están tan distorsionados que es muy complicado, y - a menudo desconocen su utilidad" [28]. Lo anterior enciende una alarma sobre la necesidad de analizar integralmente aspectos de seguridad y accesibilidad/usabilidad.

Además, debe considerarse un aspecto trascendental, relacionado con la diversidad cultural, como es el contenido, pues "la mayor parte del contenido disponible en la actualidad está solo traducido al idioma local, sin tener en cuenta los matices del lugar[4]. Existe, sin embargo, una menor cantidad de contenido creado localmente, ya sea por aficionados o por profesionales. El contenido más valioso y el que menos se encuentra disponible es aquel que tiene relevancia en cada lugar. Las preferencias sobre contenido varían. Hay grupos que indican que las aplicaciones de entretenimiento son relevantes mientras que otros, especialmente los usuarios de bajos ingresos, destacan como relevante aquel contenido que potencia su productividad, como por ejemplo el precio de los cultivos, el pronóstico del tiempo e incluso ciertos contenidos educativos" [30]. Tal brecha regional se manifiesta con producción desigual y

---

[3] Las nuevas pantallas pueden representar desafíos de investigación por sus diversas propuestas, como contenidos específicos para televisión digital o para descargarse por telefonía móvil, y sitios donde circula material de viejas pantallas, material subido por internautas mediante usuario y clave, además de material audiovisual creado para nuevas pantallas [26].

[4] "La mayor parte de los contenidos están en un idioma que no todos conocen: prácticamente la mayoría de los países cuenta con una lengua oficial hablada por un cierto número de ciudadanos y con millones de habitantes que usan otros lenguajes y dialectos. De esta forma, la sociedad de la información que circula en las redes se convierte en la sociedad de la información oficial. Un espacio donde no hay cabida para la diversidad cultural" [29].

asimetrías en la visibilidad internacional, "en un mundo donde las revistas y bases de datos bibliográficas producidas en países de habla inglesa dominan y probablemente dictan la jerarquía de las agendas de investigación" [31].

Frente a lo anterior, los procesos educativos, incluyendo aquellos relacionados con inclusión digital, deberían considerar los contenidos pertinentes y significativos para utilizarlos en la adquisición de competencias[5], lo que se contrapone a ciertas capacitaciones en el acercamiento y uso de TIC, "que obstaculizaron su familiarización con las mismas: la planeación de las capacitaciones era ajena a su realidad y a sus intereses; poseían un alto contenido técnico donde no eran considerados aspectos pedagógicos; el tiempo contemplado entre una capacitación y otra era extenso; y gran parte de las capacitaciones se concentraron en aspectos teóricos donde predominó la ausencia de la práctica" [33].

Pero no pueden olvidarse las estrategias para enfrentar a la obsolescencia tecnológica, ya que "la mayoría de las personas que no están conectadas a la banda ancha móvil viven en áreas de baja densidad poblacional en la región, pertenecen al segmento de bajos ingresos y, a menudo, no cuentan con las aptitudes digitales necesarias. (…). Es el delta de 363 millones de personas, el 57% de la población, que compone la brecha latente a ser resuelta en América Latina y el Caribe" [30].

En el caso del "*triple play*" (banda ancha, servicio telefónico y contenidos audiovisuales/cable/televisión a demanda), ha entrado en Latinoamérica "luego de haber superado las etapas de diagnóstico y análisis de viabilidad, previas y necesarias a proyectos de inversión de bienes de capital (desde redes troncales hasta la acometida de la "última milla") que, a su vez, están expuestos a procesos de obsolescencia tecnológica. Estos procesos de obsolescencia, debido al acortamiento de la vida y duración de los bienes/servicios, conllevan la necesidad de tener períodos de maduración cada vez más veloces (y menores), con el objetivo de recuperar tales inversiones" [34].

La obsolescencia tecnológica, y especialmente la artificial o programada, "no solo implica la acumulación de desechos electrónicos con un importante efecto adverso ambiental, sino que también origina pérdida de información al desaparecer abruptamente dispositivos de almacenamiento o de lectura" [35], lo que favorece la denominada *brecha mnemónica*, "ya que comprobamos cómo constantemente encontrarnos problemas de compatibilidades derivados del software y de los formatos, particularmente en los documentos audiovisuales" [36].

Algo adicional a considerar es el enfrentamiento de condiciones físicas limitantes, mediante soluciones creativas de hardware dirigidas a permitir igualdad de oportunidades a personas que las presenten, como lo hace Accesibilidad Digital TPA (http://www.accesibilidaddigital.com), y diferentes organizaciones, centros de investigación y universidades del mundo. Por ejemplo, la producción de periféricos adaptados y adaptables a diversos usuarios, les ha facilitado la posibilidad de incursionar al mundo digital, e inclusive incorporarse en el sector educativo o laboral.

---

[5] "Debe considerarse que la competencia de aplicación implica herramientas orientadas a generar posibilidades de acción en torno al uso de contenidos" [32]

5 A manera de conclusiones

La inclusión digital en su filosofía de la universalización del acceso y uso de TIC en búsqueda del mejoramiento individual y colectivo, manifestada en una sociedad colaborativa, señala la importancia de "peer-to-peer (P2P) traducido al español "de Igual a Igual o entre iguales", que emerge para conectar puntos y actores que nunca antes habían podido tener una comunicación directa y disminuir barreras [...] aumenta la participación equitativa de los actores y su principal característica es que ocurre en redes distributivas, es decir, redes donde no hay jerarquías, ni división entre centro y periferia característica de las redes centralizadas y descentralizadas" [37].

Considerar las TIC como herramienta de progreso implica la integración armoniosa de disciplinas, intereses y características al momento de diseñar y construir soluciones (software y hardware), en un marco diverso y competitivo, con usuarios que presentan diferentes condiciones físicas, niveles de competencias informáticas e informacionales, expectativas y necesidades. "Considerar el punto de vista del usuario en una etapa final implica que existe solamente un margen para poder hacer cambios menores en la interfaz de usuario (...). Es evidente que no sólo hace falta considerar la usabilidad en el diseño de cualquier aplicación web, sino también considerar al usuario en todas y cada una de las etapas del desarrollo de la aplicación" [38].

Los esfuerzos para consolidar la(s) sociedad(es) de la información y el conocimiento, no se pueden limitar en el acceso a dispositivos y servicios informáticos, sino deben soportarse en estrategias, fundamentalmente de tipo educativo, dirigidos al uso productivo, creativo y responsable de ellos, para lo que aplicaciones que consideren las características e intereses de los usuarios finales se convierten en fundamentales para facilitar su inclusión, no solo digital sino también social, que implica retos "no solamente en los procesos de regionalización, sino en el conocimiento de los mundos y necesidades locales, en una perspectiva que permita hacer el tránsito de la apropiación tecnológica a una apropiación social en la que las TIC se convierten en herramientas sociales o económicas para cerrar las brechas sociales" [39].

Es entonces necesario que se rompan las tendencias de trabajos aislados e individuales para transitar hacia la interdisciplinariedad y la transdisciplinariedad proporcionando características integrativas a sus desarrollos, fundamentadas en un conocimiento profundo (desde la teoría, la práctica y el levantamiento de requisitos) de los potenciales usuarios de las soluciones, dentro de un ambiente creativo, innovador, dinámico y con responsabilidad social y ambiental, ya que es común que "a pesar de que los ingenieros software reconocen la importancia de la usabilidad, por su formación y experiencia se concentran más en aspectos particulares, tales como la elegancia de los algoritmos, el rendimiento a bajo nivel o la facilidad de mantenimiento, los cuales en ocasiones influyen negativamente en la usabilidad del sistema" [40]. Además, es innegable que en "el área de la Interacción Humano Computadora (IHC), interdisciplinaria y transdiciplinaria por naturaleza, implica el conocimiento de una gran variedad de disciplinas, todas ellas enfocadas en el usuario humano para el diseño, la evaluación y la interactividad de desarrollo de sistemas informáticos, y de los varios fenómenos técnicos y sociológicos que provienen de la interacción con estos sistemas" [12].

En otras palabras, y ya para finalizar, las soluciones informáticas son realizadas no para alimentar el ego de sus desarrolladores sino para contribuir en la solución estructural de situaciones problemáticas de los usuarios, lo que exige procesos integrales, colaborativos, multidisciplinares, creativos e innovadores enmarcados en un ambiente globalizado y competitivo… si lo anterior se cumple, la universalización de las TIC y su influencia en la transformación integral de las personas y sus comunidades, seguramente disminuirá su condición utópica y ganará visos de materialización.

Referencias

1. Concari, S.B.: Tecnologías emergentes ¿cuáles usamos?. Lat. Am. J. Phys. Educ. 8(3), (2014) 494-503
2. Barrenetxea Ayesta, M., Cardona Rodríguez, A.: La brecha digital como fuente de nuevas desigualdades en el mercado de trabajo. Economistas: Revista del Colegio de Economistas de Madrid, 95 (2003). http://www.revistaeconomistas.com/CEMadridRevista/contenidoAnt/1114953/1109835/1109835/1/La-brecha-digital-como-fuente-de-nuevas-desigualdades-en-el-mercado-de-trabajo.html
3. Lugo, M.T., Kelly, V.: Tecnología en educación: ¿Políticas para la innovación?. Instituto Internacional de Planeamiento de la Educación IIPE-Unesco, Buenos Aires (2010)
4. Prince, A., Jolías, L.: Etapas de la inclusión digital en Argentina: difusión y adopción de TIC. En: Thill, E.: Modelo social de la Agenda Digital Argentina: inclusión digital para la integración social 2003-2011. Presidencia de la Nación Argentina, Buenos Aires. (2011) 1-21
5. Arredondo Jeldes, M.Á.: Conclusiones del estudio exploratorio en torno a los alcances culturales derivados de la introducción de tecnologías de información en escuelas rurales. Teoría de la educación: Educación y cultura en la sociedad de la información 6(1), (2005). http://campus.usal.es/~teoriaeducacion/rev_numero_06/n6_art_arredondo.htm
6. Vega, O.A.: Inclusión digital de comunidades rurales colombianas. Tesis doctoral (Doctor en Sociedad de la Información y el Conocimiento). Universidad Pontificia de Salamanca, Madrid (2014).
7. Avello-Martínez, R., López-Fernández, R., Cañedo-Iglesias, M., Álvarez-Acosta, H., Granados-Romero, J.F., Obando-Freire, F.: Evolución de la alfabetización digital: nuevos conceptos y nuevas alfabetizaciones. Medisur, 11(4), (2013) 450-457. http://medisur.sld.cu/index.php/medisur/article/view/2467
8. Benítez Larghi, S.: Lo popular a partir de la apropiación de las TIC: Tensiones entre representaciones hegemónicas y prácticas. Question, 1(38), (2013). http://perio.unlp.edu.ar/ojs/index.php/question/article/view/1813/1575
9. Díaz, J., Harari, I., Amadeo, A.P.: Guía de recomendaciones para diseño de software centrado en el usuario. Universidad Nacional de La Plata, La Plata (2013)
10. Magario, B.E., Selzer, M.N., Larrea, M.L., Manresa-Yee, C., Mas-Sansó, R.: Interacción Humano Computadora para personas con capacidad motriz disminuida mediante un dispositivo Wiimote. En: Finochietto, J.: Libro de Actas CACIC2013. Fundación de Altos Estudios en Ciencias Exactas, Mar del Plata (2013) 347-355
11. Martínez de la Teja, G.M.: Ergonomía e interfases de interacción humano-computadora. En: IX Congreso Internacional de Ergonomía. Sociedad de Ergonomistas de México A.C. (SEMAC), México D.F., (2007) 1-8

12. Abascal-Mena, R., López-Ornelas, E., Zepeda-Hernández, S.: La experiencia como medio para favorecer el aprendizaje efectivo. Revista Iberoamericana para la Investigación y el Desarrollo Educativo, RIDE. (2013). http://ride.org.mx/1-11/index.php/RIDESECUNDARIO/article/viewFile/427/419
13. Licklider, J.C.R.: Man-Computer Symbiosis. IRE Transactions on Human Factors in Electronics, 1(1), (1960) 4-11
14. ISO: ISO 9241-210:2010. Ergonomics of human-system interaction – Part 210: Human-centred design for interactive systems. International Organization for Standardization, ISO, Geneva (2010)
15. Hassan Montero, Y., Martín Fernández, F.J.: Qué es la Accesibilidad Web. No solo usabilidad, Churriana de la Vega (2003). http://www.nosolousabilidad.com/articulos/accesibilidad.htm?iframe=true&width=90%&height=90%.
16. Hassan Montero, Y.: Introducción a la Usabilidad. No solo usabilidad, Churriana de la Vega (2001). http://www.nosolousabilidad.com/articulos/introduccion_usabilidad.htm.
17. Ferreira Szpiniak, A., Sanz, C.V.: Hacia un modelo de evaluación de entornos virtuales de enseñanza y aprendizaje: La importancia de la usabilidad. Revista Iberoamericana de Tecnología en Educación y Educación en Tecnología, TE&ET, (4), (2009) 10-21.
18. Nielsen, J.: Beyond Accessibility: Treating Users with Disabilities as People. Jakob Nielsen Consulting, Fremon (2001), http://www.nngroup.com/articles/beyond-accessibility-treating-users-with-disabilities-as-people/
19. The Center for Universal Design: The Principles of Universal Design, North Carolina State University, Raleigh (1997). http://www.ncsu.edu/ncsu/design/cud/pubs_p/docs/poster.pdf.
20. Abascal, J.; Valero, P.: Capítulo 7. Accesibilidad. En: Lorés, J. (ed.): Introducción a la Interacción Persona-Ordenador. Asociación Interacción Persona Ordenador (AIPO), Lleida (2006) 1-14. http://aipo.es/libro/pdf/07Accesi.pdf
21. Casado, C., Mor, E., Sabaté, L.: Accesibilidad en la web. Universitat Oberta de Catalunya, Barcelona (2006). http://mosaic.uoc.edu/2006/03/01/accesibilidad-en-la-web
22. Andreu-Vall, M., Marcos, M.C.: Evaluación de sitios web multilingües: metodología y herramienta heurística. El Profesional de la Información, 21(13), (2012) 254-260.
23. Lores, J., Granollers, T.: La Ingeniería de la Usabilidad y de la Accesibilidad aplicada al diseño y desarrollo de sitios web. MQ Accesibilidad, Phoenix (2007). http://www.mqaccesibilidad.com/2007/02/10-reglas-heursticas-de-usabilidad.html.
24. Comba, S., Toledo, E.: Comunicación y tecnologías digitales en educación. En: Toledo, E.L. (ed.): Comunicación, educación y TICs: manual de recursos para la enseñanza con herramientas digitales: aprendiendo a enseñar con Facebook, twitter y youtube. Roma Impresiones – Creative Commons, Rosario. (2014) 3-18
25. Artopoulos, A.: Introducción. En: ________ (comp.): La sociedad de las cuatro pantallas: Una mirada latinoamericana, Fundación Telefónica, Madrid, (2011). XV-XXVI.
26. Murolo, N.L.: (2012). Nuevas pantallas: un desarrollo conceptual. Razón y Palabra, 17(80), (2012). http://www.razonypalabra.org.mx/N/N80/V80/24_Murolo_V80.pdf
27. De Óleo, C., Rodríguez Baena, L.: Mayores y redes sociales en España: evaluación de usabilidad en el proceso de registro. Ventana Informática (26) (2012) 129-140
28. Vega, O.A., Vinasco-Salazar, R.E.: CAPTCHA: ¿solución para la seguridad informática o problema para la accesibilidad/usabilidad web?. e-Ciencias de la Información, 4(2-1), (2014) 1-14. http://dx.doi.org/10.15517/eci.v4i2.15125
29. Ramírez Plascencia, D.: (2014). Las nuevas formas de exclusión digital. En-claves del pensamiento 8(15) (2014) 85-109
30. Sharma, A., Arese Lucini, B.: Connected Society: Inclusión digital en América Latina y el Caribe. GSM Association, London (2016)

31. Cailloods, F., Jeanpierre, L.: Introducción general. En: UNESCO y Foro Consultivo: Informe sobre las ciencias sociales en el mundo: Las brechas del conocimiento. Foro Consultivo Científico y Tecnológico, México D.F., (2011) 1-5.
32. Bernal Parra, L.M., Forero Acosta, G., Montero Vargas, R.: Propuesta didáctica de organización de contenidos para la enseñanza de la genética en educación superior a distancia. Revista de Investigaciones UNAD, 11(2), (2012) 115-136
33. Vesga-Parra, L.S., Hurtado-Herrera, D.R.: La brecha digital: representaciones sociales de docentes en una escuela marginal. Revista Latinoamericana de Ciencias Sociales, Niñez y Juventud, 11 (1), (2013) 137-149
34. Marín, J., Creus, R.G., García Zaballos, A.: Informe de la situación de conectividad de Internet y banda ancha en Argentina. Banco Interamericano de Desarrollo, BID, Washington (2013)
35. Vega, O.A.: Efectos colaterales de la obsolescencia tecnológica. Revista Facultad de Ingeniería UPTC, 21(32), (2012) 55-62
36. Vialás Fernández, S.: (2011). Contenidos audiovisuales y licencias abiertas: Una perspectiva desde la universidad. (Trabajo Final del Máster de Contenidos en la Era). Universitat Autònoma de Barcelona, Barcelona (2011)
37. Fundación Más por TIC: ¿Cómo trabajamos en la Fundación más por TIC?. Fundación más por TIC, Bogotá (2015). http://fundacionmasportic.org/2015/08/07/como-trabajamos-en-la-fundacion-mas-por-tic/
38. Jiménez Calderón, L., Yépez Campoverde, J., Vázquez Hoehne, A.: El usuario como factor de éxito en el diseño de un geoportal. Revista Internacional de Ciencia y Tecnología de la Información Geográfica, GeoFocus, (14), (2014) 181-210.
39. Barón, L.F., Gómez, R.: De la infraestructura a la apropiación social: panorama sobre las políticas de las tecnologías de información y comunicación (tic) en Colombia. Signo y Pensamiento 31(61), (2012) 38-55
40. Mascheroni, M., Greiner, C., Petris, R., Dapozo, G., Estayno M., Calidad de software e Ingeniería de Usabilidad. En: XIV Workshop de Investigadores en Ciencias de la Computación, WICC 2012, Red de Universidades Nacionales con Carreras de Informática (RedUNCI), Apóstoles. (2012) 656-659.

Análisis de las herramientas de trabajo de Personal Software Process para la construcción de software

Gonzalo Hernández[1], Leidy Andrade[2], Katherine Ramos[3], y Diana Castrillón[4]

Facultad de Ingeniería, Departamento de Sistemas, Universidad de Nariño
Calle 18 Cr 50 Ciudadela Universitaria Torobajo, Pasto, Nariño, Colombia
[1]gonzalohernandez@udenar.edu.co, [2]leidy_andrade@udenar.edu.co,
[3]kramos@udenar.edu.co, [4]diana_cas@udenar.edu.co
http://sonar.udenar.edu.co/psp/

Resumen. La industria de desarrollo de software requiere que los ingenieros se enfoquen en metodologías disciplinadas que ofrezcan resultados de calidad. Uno de los modelos de mayor estudio y excelentes resultados es el Personal Software Process - PSP el cual requiere de herramientas para su implementación pero que presenta dificultades en cuanto a esto. En el siguiente trabajo se trata sobre las herramientas Process Dashboard y Student Workbook en un marco de trabajo de software, haciendo un paralelo entre ellas y concluyendo la características que debe cumplir una idónea herramienta para el manejo de PSP

1 Introducción

En los últimos años, la industria de desarrollo de software se ha percatado de la necesidad de incluir estándares de calidad en sus procesos de trabajo para obtener resultados de calidad y que instruyan a sus desarrolladores en prácticas disciplinadas de construcción de Software. PSP es una metodología que abarca estas necesidades y ha tenido una gran acogida dentro de estas organizaciones.

PSP establece la recolección de datos históricos para hacer estimaciones futuras. Sin embargo, para la existencia de un correcto proceso, es necesario el uso de herramientas de apoyo a PSP que colaboren con el buen manejo de los datos recopilados en cada proyecto, para obtener estadísticas cercanas a la realidad de cada desarrollador. En este aspecto es donde se observan falencias.

El documento presenta las características de las herramientas de apoyo de mayor preferencia entre los PSP Developers, dando a conocer experiencias y, ventajas y desventajas encontradas para luego dar como resultado las características que una herramienta de PSP debe manejar para ser considerada al momento de desarrollar software.

La temática del documento se desarrolla en cinco capítulos. El primero corresponde a esta introducción, en el segundo se hace una conceptualización del modelo PSP, el tercero habla sobre PSP dentro de la Universidad de Nariño, el cuarto capítulo inicia con la descripción de las herramientas de apoyo y finaliza con un comparativo entre ellas, y el quinto establece las características de una futura herramienta de apoyo para PSP.

2 Estado del Arte

El desarrollo de software hace referencia a las órdenes codificadas que realiza un ingeniero para que el computador las ejecute, para lo cual requiere de un plan de ejecución, elaborado por el mismo, que debe ir enfocado a la calidad por medio de la inclusión de prácticas de trabajo planeadas, ordenadas y con un correcto uso del tiempo [3], tal como lo sugiere la herramienta PSP.

2.1 ¿Qué es PSP?

El modelo PSP, siglas de Personal Software Process, se enfoca en el trabajo realizado en la fase de construcción de software, creado por Watts Humphrey en 1995 con el Software Engineering Institute (SEI) de la Universidad de Carnegie Mellon con el fin de mejorar los procesos de desarrollo de software en las organizaciones o para cada Ingeniero. [1, 4]

El Personal Software Process es una metodología enfocada en la calidad y la disciplina para el manejo de tiempo, la gestión, la planificación y, la detección y corrección de defectos [5].

El modelo requiere de un total compromiso por parte del Ingeniero en cuanto a las mediciones que debe realizar para el mejoramiento continuo de su proceso personal. [6]

Humphrey afirma que "La calidad del software está dada por la calidad de los procesos usados para desarrollarlo y mantenerlo", por esta razón cada paso es elaborado de forma ordenada, metódica y muy personal, donde se plantea el uso de cuatro elementos propios del modelo, que recopilan la información de cada proceso que se lleve a cabo incluyendo datos estadísticos que serán aplicados a futuros proyectos [7]. Estos elementos son los scripts para la descripción del proyecto, los formularios para el manejo de datos, las medidas para la cuantificación y los estándares como una guía de trabajo.

2.2 Niveles de PSP

Para la aplicación de PSP en el trabajo del programador, han sido definidos niveles, los cuales siguen un comportamiento evolutivo, donde cada nivel aporta componentes individuales y aumentan el nivel de madurez al proceso de desarrollo de software.
Estos niveles permiten al ingeniero adaptarse fácilmente al modelo PSP ya que cada nivel incrementa características sin dejar a un lado las que se han venido trabajando anteriormente, así permite que el desarrollador se acostumbre al modelo [7].
En la Tabla 1, se describen los objetivos y las actividades de cada uno de los niveles de mejoramiento que conforman el modelo PSP.

Tabla 1. Niveles de Mejoramiento del modelo PSP

NIVELES	OBJETIVO	ACTIVIDADES PLANTEADAS
PSP0	Definición de requerimientos y necesidades del software.	• Diseño del software • Detección de errores • Clasificación de errores • Registro de tiempos
PSP1	Estimación de tamaño, tiempo y esfuerzo.	• Diseño conceptual • Definición de medidas • Clasificación de líneas de código • Método PROBE
PSP2	Administración de la calidad	• Pruebas en etapa de diseño y codificación • Evaluación de pruebas
PSP3	Adaptación al proceso personal	• Análisis de estadísticas

El desarrollo de los niveles en el proceso personal, maneja una estructura que parte de la planificación para la orientación del trabajo, durante el desarrollo se registran los datos que son medidos y por último se presenta un resumen de toda la información obtenida en el proceso llevado a cabo. [1]

3 Contexto de estudio de PSP

En la necesidad de formar ingenieros enfocados en la calidad de sus productos se determinó la necesidad de adoptar la metodología PSP en el aula para que enfoque a los estudiantes en prácticas disciplinadas de construcción de software mediante el proyecto investigativo "Aplicación de las normas de calidad PSP en la asignatura de Estructuras de Información del programa de Ingeniería de Sistemas de la Universidad de Nariño".

El proyecto ha culminado su fase inicial en la cual se realizó la apropiación de los conceptos de la metodología mediante el desarrollo de un curso con duración de dos meses, llevado a cabo un día a la semana con duración de dos horas, contando con la asistencia de 10 estudiantes instruidos por un docente certificado en PSP Developer, donde se realizaron ejercicios básicos de programación para la aplicación de los niveles de mejoramiento utilizando la herramienta Process Dashboard enfocada a cursos.

Las actividades que se plantearon para el desarrollo del curso fue el desarrollo de dos programas para la aplicación de los niveles utilizando herramientas de apoyo para el registro de la información, también se elaboraron estándares de código de acuerdo al lenguaje utilizado por cada estudiante y checklist para el control de los test realizados a los programas.

En ese lapso de tiempo se manejó un cuaderno de diario donde se llevaron los diferentes problemas que se presentaron, encontrando que los inconvenientes de mayor relevancia fueron hallados en la herramienta utilizada.

4 Validación de resultados encontrados

La aplicación de PSP a un proyecto implica el manejo de múltiples ítems y procedimientos propios de la metodología, los cuales deben llevar un tratamiento adecuado que permita lograr el objetivo principal de PSP: Calidad en el software.

Durante el contexto de estudio de PSP se estableció que es importante contar con herramientas idóneas para el trabajo de PSP ya que se ve necesario para un total enfoque en las actividades de PSP en función de la calidad del producto. [8]

Actualmente encontramos diversas herramientas que sirven de apoyo a la construcción de proyectos que incorporen PSP, estas van desde plugins incorporados en IDEs, hasta software especializado en la metodología, por ello, es pertinente examinar y analizar las herramientas más destacadas dentro del marco de PSP.

4.1 Process Dashboard

El software Process dashboard es una herramienta OpenSource desarrollada en Java, utilizada para el desarrollo de proyectos que apliquen metodologías PSP y TSP. Este programa maneja todo un set de ítems para elaborar un proyecto, entre los cuales se destacan; el control de fase activa, de tiempos, registro de defectos, plan de tareas y los scripts, plantillas y formularios adecuados a cada etapa de desarrollo. [9]

Fig. 1. Software Process Dashboard

La característica más notable de esta herramienta es el tamaño de su interfaz, que es reducida y visualmente simple, facilitando al usuario el desarrollo de sus proyectos, ya que brinda la posibilidad de ubicarlo en pantalla simultáneamente con las herramientas que se utiliza para desarrollar la construcción de software. Esto beneficia al usuario puesto que le brinda un gran control sobre todo el proceso, manejando tiempos, control de errores y cada una de las tareas planteadas en la metodología de PSP. Adicionalmente posee extensiones para reportes, gráficos y análisis de datos, brindando al usuario grandes capacidades y flexibilidad.

4.2 Student WorkBook

El software student WorkBook es una herramienta elaborada por el SEI de la Universidad Carnegie Mellon como parte del material de autoestudio liberado por ellos.

Esta herramienta no se integra a ninguna plataforma de desarrollo, lo que la hace ideal para los cursos de estudio de la metodología PSP, además es totalmente compatible a los requerimientos de PSP [10]. Proporciona formularios, medidas, cálculos, seguimiento y planificación para la recolección de los datos durante el proceso de construcción, el análisis y la generación de reportes, sin embargo, presenta problemas en su instalación ya que requiere Microsoft Access 2000 y Service Pack 3 o superior y posee cierta complejidad en su manejo al poseer abundante información e ítems para el desarrollo de cada etapa.

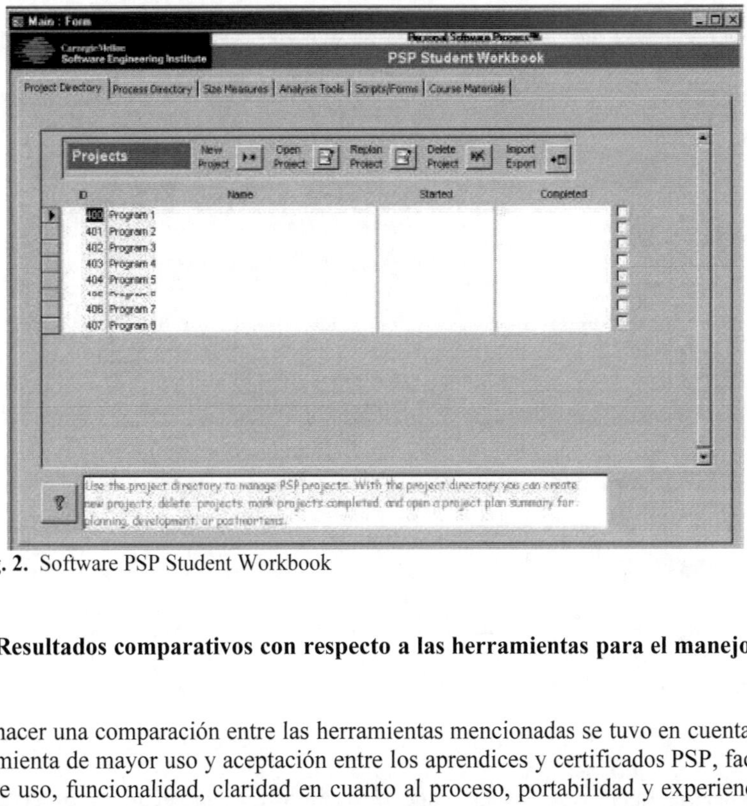

Fig. 2. Software PSP Student Workbook

4.3 Resultados comparativos con respecto a las herramientas para el manejo de PSP

Para hacer una comparación entre las herramientas mencionadas se tuvo en cuenta: la herramienta de mayor uso y aceptación entre los aprendices y certificados PSP, facilidad de uso, funcionalidad, claridad en cuanto al proceso, portabilidad y experiencias previas.

De acuerdo a sondeos realizados, la herramienta con mayor preferencia dentro de los ingenieros es Process Dashboard [10], sin embargo no se menosprecia el Student Workbook por ser la herramienta oficial proporcionada por el SEI para la enseñanza de PSP. Por esta razón se hace necesario el análisis detallado generado por medio de la investigación en el que se expongan los beneficios e inconvenientes de cada herramienta.

Al inicio de la investigación se desarrollaron diversos programas haciendo uso de Process Dashboard enfocado al aprendizaje donde se evidenció su gran potencial y calidad, sin embargo, la herramienta aún presenta dificultades de funcionamiento con algunos sistemas operativos, además de no permitir que el usuario trabaje sobre los scripts para adecuarlos a su proceso personal.

En cuanto a Student Workbook, al igual que Process Dashboard es muy completa pero a la vez muy compleja de manejar, para esta investigación se utilizó la versión liberada por el SEI, la cual aplica como licencia para estudiantes. Esta herramienta viene diseñada para computadores de sistemas de 32 bits siendo este un limitante de trabajo.

En el desarrollo de los proyectos encontramos que los scripts están en formato .doc lo que permite su adaptación al proceso personal del desarrollador, sin embargo, la gran dificultad que presenta es su interfaz gráfica dado que no permite ubicarse en un mismo espacio con el IDE escogido o las herramientas de graficación.

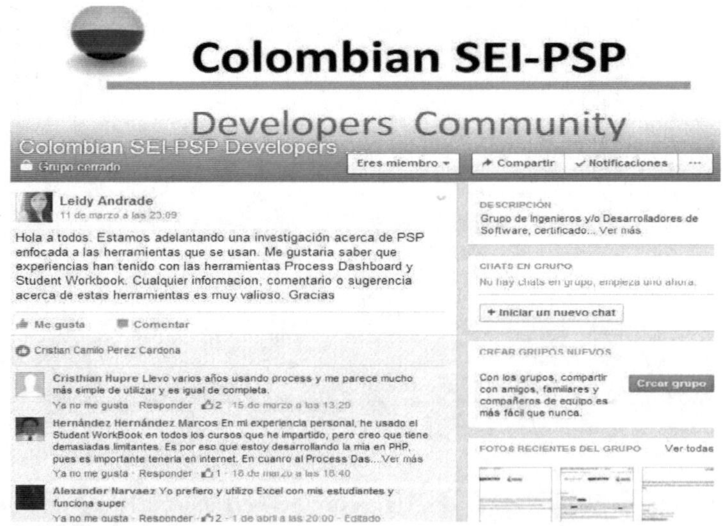

Fig. 3. Comunidad de PSP Developers

En la fase actual de la investigación, se ha usado Process Dashboard con extensión PSP y TSP, con la cual hemos detectado poca facilidad de uso ya que en el desarrollo de programas totalmente nuevos, exige al usuario la creación de todos los elementos que sustentan su trabajo, como lo son los scripts y las diferentes plantillas, sin ninguna base contenida en el software sobre la cual pueda trabajar. Respecto al software de Student Workbook no se estuvo en capacidad de actualizar el software, debido a que solo la licencia estudiantil está liberada para la comunidad.

Para complementar esta comparación y como se observa en la figura 3, se indagó a una comunidad de PSP Developer en Colombia sobre sus experiencias con las herramientas ya mencionadas, donde efectivamente se comprueba que son las de preferencia al momento de desarrollar software implementando PSP y también para la preparación de estudiantes, sin embargo determinan la existencia de limitantes que perjudican su trabajo y por ello ha motivado a varios de los desarrolladores a crear una herramienta de apoyo propia.

5 Discusión de resultados

Debido a la importancia de contar con herramientas óptimas para el desarrollo del modelo PSP dentro de la construcción de software, se hace necesario determinar las características que éstas requieren para brindar un excelente apoyo a PSP, entre ellas se encuentran: Orientación a la web, manejo de elementos de PSP, interfaz gráfica con dimensiones adecuadas y facilitar el diseño de software.

Orientación a la web: De acuerdo a los principios de PSP, las herramientas de apoyo deben permitir independencia al programador en todos los aspectos. Por ello, la herramienta debe estar orientada a la web sin presentar dependencia de ningún sistema operativo o software, además de ser menos propensas a fallas por irregularidades con hardware y a pérdidas de información por diferentes casos que se puedan presentar. También permitiría un trabajo óptimo para TSP debido a la posibilidad de acceder desde cualquier dispositivo con conexión a internet.

Manejo de elementos de PSP: Es importante para el programador pueda contar con el formato de script diseñado por el SEI en la herramienta de apoyo, de manera que se pueda modificar para adaptarlo a su proceso personal de una manera sencilla.

Interfaz gráfica con dimensiones adecuadas: En cuanto a la interfaz gráfica, Process Dashboard maneja un excelente diseño siendo un punto positivo que se lograría a partir de la filosofía Responsive Design, permitiendo modificar al gusto del usuario las dimensiones del navegador o establecerlo mediante código, para una mejor ubicación de las herramientas utilizadas y mayor control de los procesos llevados a cabo en ellas.

Facilitar el diseño de software: Una de las tareas que involucran los niveles de mejoramiento son el diseño de software, razón por la que se determina como principal característica de una herramienta de apoyo la posibilidad de realizar el diseño de software de forma gráfica por medio de diagramas de clase, UML, etc.

6 Conclusiones

- Para tener un correcto aprendizaje y aplicación de la metodología Personal Software Process en la construcción de software es necesario contar con excelentes y optimas herramientas de apoyo y acompañamiento.
- Process Dashboard y Student Workbook son las herramientas de mayor preferencia entre los programadores, pero existen falencias en cuanto al apoyo en el desarrollo de los niveles de mejoramiento de PSP ya que es necesario

recurrir a la utilización de otras herramientas para dichos propósitos y poseen varios aspectos que se debería mejorar o cambiar.

- Es necesario el desarrollo de una nueva herramienta que brinde un apoyo completo a la implementación del modelo PSP dentro de un proyecto con las características determinadas en la investigación.

Referencias

1. The Personal Software ProcessSM (PSPSM), Carnegie Mellon University, Software Engineering Institute, (2000).
2. Humphrey, W., Introduction to the Personal Software Process. Addison-Wesley. (1996).
3. Maharrey, B., "An Exploration of the Personal Software Process (PSP)", Shelby Center, Auburn University, Auburn, Alabama 36849, TR-CSSE10-08, s.f
4. Abrahamsson, P. y Kautz, K., Personal Software Process: Classroom Experiences from Finland, In Kontio, J. and Conradi, R., editors, Software Quality - ECSQ (2002), volume 2349 of Lecture Notes in Computer Science, pp. 175-185. Springer Berlin Heidelberg.
5. Cendejas, J., Implementación del modelo integral colaborativo (MDSIC) como fuente de innovación para el desarrollo ágil de software en las empresas de la zona centro - occidente en México, tesis de Doctorado en Planeación Estratégica y Dirección de Tecnología, Departamento de Ingeniería, Universidad Popular Autónoma del Estado de Puebla, México, (2014).
6. Nichols, W. y Salazar, R. (2009). Deploying TSP on a national scale: An experience report from pilot projects in Mexico. Technical Report CMU/SEI- 2009-TR-011, Software Engineering Institute, Carnegie Mellon, Pittsburgh, PA.
7. Soto D. y Reyes, A. Introduciendo psp (procesos personal de software) en el aula. Revista Colombiana de Tecnologías de Avanzada, vol. 2, num. 16, (2010).
8. Gómez, O. S., Gómez, G., Aguileta, A. y Aguilar, R., Proceso de Software Personal en la academia: Experiencias de aplicación en México. Publicado en "Ingeniería de Software e Ingeniería del Conocimiento: Dos Disciplinas Interrelacionadas, pp. 197-213, 2014, Universidad de Medellín.
9. The Software Process Dashboard Initiative, Recuperado de "http://www.processdash.com/", (s.f)
10. Niño, J., Estudio empírico de aplicación de PSP para el desarrollo transversal de competencias de gestión, en estudiantes de un programa de tecnología en sistemas, tesis de Magíster en Ingeniería, Departamento de Informática y Sistemas, Universidad EAFIT, Colombia, (2012).

Análisis estadístico sobre matrimonios y divorcios en Ecuador mediante el uso de herramientas de software libre

René Elizalde[1], Jacqueline Sigcho[1], y Priscila Vargas[1]

[1] Departamento de Ciencias de la Computación y Electrónica, Universidad Técnica Particular de Loja, San Cayetano Alto, Calle París, 1105608 Loja, Ecuador
{rrelizalde, fjsigcho, pyvargas}@utpl.edu.ec

Resumen. Al día de hoy muchos gobiernos están dando apertura de sus datos, sin embargo, aunque estos se encuentran publicados en la web están en un formato privado o en muchos casos no es fácil comprender de qué trata dicha información o con que está relacionada. Un ejemplo bastante claro son las bases de datos que publica el Instituto Nacional de Estadísticas y Censos - INEC. Por ello, el objetivo principal del presente estudio es analizar y procesar los datos relacionados a los matrimonios y divorcios ocurridos en el Ecuador en los últimos catorce años haciendo uso de la información que proporciona INEC, mediante del uso de herramientas de software libre como el Framework Django y lenguaje de programación Python, que permitieron la creación de una aplicación web denominada "ESMADI", que contiene los resultados obtenidos en este estudio mediante gráficos estadísticas, tablas y mapas elaborados a través de la utilización de la librería JavaScript Highcharts.

1 Introducción

Hoy en día muchos Gobiernos (OpenGoverment) están abriendo parte de sus datos en la Web [1]. No obstante, a pesar de que estos datos están distribuidos en la red, éstos se encuentran publicados en un formato privado de manera que otros usuarios u organizaciones no pueden hacer uso de ellos, o mejor dicho, deben adquirir algún software comercial para tener acceso a estos datos. Un ejemplo de ellos son los datos que publica anualmente el Instituto Nacional de Estadísticas y Censos (INEC) [2] sobre los matrimonios y divorcios registrados en el Ecuador. Esta información proviene de los formularios de matrimonios y divorcios que se generan en las oficinas de la Dirección General del Registro Civil, en el momento que las parejas contraen matrimonio y/o inscriben legalmente las sentencias de divorcio [2].

El matrimonio es el acto, ceremonia o procedimiento por el cual se constituye la relación jurídica de marido y mujer. La legalidad de la unión puede establecerse por medios civiles, religiosos o de otra clase, reconocidos por las leyes de cada país [3]. En nuestro país en los últimos años la institución del matrimonio particularmente se ha ido debilitando por la institución del divorcio que cada año registra un creciente número de divorcios. El divorcio de los cónyuges es una de las crisis más inesperadas e impactantes para el sistema familiar, [4] define el divorcio como la decisión unilateral o de ambas partes de disolver el vínculo emocional y el contrato legal como pareja.

A raíz de todo esto, el presente estudio pretende captar estos datos, transformarlos en un formato común, y procesarlos para ponerlos a disposición de los usuarios u organizaciones mediante una aplicación web "ESMADI", construida bajo el lenguaje de programación Python y el Framework Django. La aparición de herramientas de desarrollo como Django, proporciona facilidad para trabajar en entornos de desarrollo web, y está basado en el modelo MVC (Modelo Vista Controlador), que incrementa la reutilización y la flexibilidad de los datos [5]. De la información obtenida de la base de datos del INEC, se han considerado 23 variables como objeto de análisis.

El análisis de las variables seleccionadas pretende mostrar la dimensión real que ha tenido la institución del matrimonio y del divorcio en el país durante los últimos catorce años, mediante gráficas, tablas estadísticas, y mapas temáticos. Para la elaboración de las gráficas se utilizó la librería *JavaScript highcharts*, y para presentar los mapas temáticos se usó la librería *highcharts maps*. Como resultado del estudio e implementación, la aplicación contiene representaciones gráficas dinámicas que permiten una comprensión amplia y más rápida del estado actual de la institución del matrimonio y del divorcio en el país.

2 Material y Métodos

El estudio se realizó con información real de los matrimonios y divorcios que se registraron en las oficinas del Registro Civil de todo el país desde el año 2000 al 2014.

2.1 Recogida de la información

La información ha sido levantada de la página oficial del INEC que publica anualmente los registros de los matrimonios y divorcios en bases de datos bajo formato SPSS (.sav). Las bases de datos disponibles van desde el año 1997 hasta el 2014, cada una con al menos sesenta variables. La información también se encuentra disponible en formato DBF desde el año 2000 al 2014. Sin embargo, para el presente estudio se utiliza los archivos de datos con extensión SAV, por lo que los datos deben ser trabajados con el paquete comercial SPSS Statistics de IMB, el cual funciona bajo licencia.

2.2 Transformación de la información

Se utilizó la versión de prueba del software SPSS Statistics para transformar los archivos SAV en archivos CSV, que es un formato abierto y puede abrirse con varios programas que no necesitan licencia como Libre Office o Excel. Una vez realizado este proceso se obtuvo como resultado un archivo con 961.336 registros de matrimonios, y otro con 235.779 registros de divorcios. Se ha seleccionado veintidós variables como unidad de análisis de este estudio, se ha omitido los datos de los matrimonios inscritos en el año 2013 debido a que no se pudo tener acceso a estos datos.

Entre las variables para el análisis estadístico de matrimonios están el lugar geográfico de inscripción de matrimonio (*provincia, cantón*), fecha de matrimonio (*día, mes y año*), número de hijos reconocidos. Datos de los contrayentes: fecha de nacimiento, edad, número de matrimonios anteriores, estado civil anterior. En el caso de los divorcios se ha considerado variables similares, entre ellas: lugar geográfico de registro, fecha de inscripción, fecha de sentencia, fecha de matrimonio, duración del matrimonio y causa del divorcio. Datos de los divorciados: fecha de nacimiento, número de hijos a cargo del divorciado (a). En ambos casos se consideran las variables de nacionalidad, auto identificación étnica y nivel de instrucción.

2.3 Análisis de la información

El análisis de los datos se realizó de la siguiente forma. Primero se creó un modelado de datos de la información recogida y luego se implementó en un gestor de base de datos PostgreSQL (*versión 9.3*), como segundo paso se utilizaron dichos datos almacenados en la base de datos para comenzar con el análisis. PostgreSQL aporta mucha flexibilidad a nuestros proyectos porque nos permite definir funciones personalizadas por medio de varios lenguajes: pgQL, Tcl, Perl, Python, PHP, Ruby y Java [6].

Como se ha explicado anteriormente este estudio consiste en analizar los matrimonios y divorcios a través de un serie de variables, y presentar el resultado mediante gráficas estadísticas y mapas temáticos en una aplicación web desarrollada en Python y Django (véase Sección 2.3.1), para crear las gráficas se utilizará la librería de JavaScript highcharts, y para presentar los mapas se utilizará la librería highcharts maps (véase Sección 2.3.2).

2.3.1 *Aplicación de tecnologías: Python 1.7 y Django 2.7*

Python. Es un lenguaje de programación de código abierto administrado por la empresa Python Software Foundation. Es uno de los lenguajes más usados en el mundo, según una medición de TIOBE Programming Community Index (2016) ocupa el quinto puesto con mayor popularidad. Sin duda por su sintaxis simple, clara y sencilla es un lenguaje fácil de aprender; y hace que desarrollar aplicaciones sea más rápido y de manera divertida. La sintaxis de Python es tan sencilla y cercana al lenguaje natural que los programas elaborados en Python parecen pseudocódigo [7], por este motivo la programación de la aplicación "ESMADI" se desarrolla en este lenguaje.

Django. Django es un framework web de código abierto escrito en Python que permite construir aplicaciones web más rápido y con menos líneas de código; se centra en automatizar todo lo posible y se adhiere al principio DRY (*Don't Repeat Yourself*) [8]. Django sigue el patrón de arquitectura MVC (*Modelo-Vista-Controlador*), un punto favorable en el desarrollo de aplicaciones. El patrón MVC significa que la aplicación se divide en tres piezas, el "Modelo" hace referencia al acceso a la base de datos, la "Vista" se refiere a la parte del sistema que selecciona qué mostrar y cómo mostrarlo, y el "Controlador" implica la parte del sistema que decide qué vista usar, dependiendo de la entrada del usuario [9]. Con este patrón cada pieza de la aplicación web que funciona sobre Django tiene un único objetivo, que puede ser modificado independientemente sin afectar las demás piezas, de esta manera se crea código limpio, ordenado y fácilmente legible por cualquier programador. Entre las herramientas que se ha utilizado para el diseño de la aplicación está el conjunto de plantillas HTML que posee Django.

2.3.2 *Librerías para crear gráficos, tablas y mapas*

Highcharts es librería muy potente para la creación de gráficos de líneas, barras, áreas y donas. Fue lanzado en 2009 y su uso ha crecido desde entonces. La comunidad de highcharts ofrece los plugins desarrollados de forma gratuita para uso no-comercial. Highcharts maps se extiende de la API de JavaScript Highcharts, a través de esta librería es posible construir mapas interactivos con cualquier información vinculada a la geografía. Una característica interesante de Highcharts es su sección de demostración, que permite crear gráficos y mapas muy rápido mediante su editor JSFIDDLE. Para presentar las tablas con información estadística se utiliza el plugin DataTable JavaScript, una herramienta muy flexible y dinámica que permite añadir controles de interacción avanzados a cualquier tabla HTML.

3 Resultados

En este apartado presenta los resultados obtenidos de este estudio, las ilustraciones gráficas, mapas y tablas estadísticas se han elaborado mediante las librerías highcharts, highcharts maps y datatable respectivamente.

3.1 Tasas de matrimonios y divorcios

En el año 2000, la tasa de nupcialidad alcanzó el 5,98 por cada 100 habitantes. A medida que transcurrieron los años, el total de matrimonios experimentó una disminución del 2,26 %, lo que supuso en el año 2014 una tasa 3,76. En la Fig. 1 se muestra la tasa de nupcialidad y de divorcio correspondiente a cada año. La tasa más alta de divorcio fue de 15,46 por cada 10.000 habitantes en el año 2014, en referencia a años anteriores la tasa era más baja, siendo hasta de 8,19 en el 2003 solamente era del 8,19. Esto significa que en Ecuador pese a que la población aumenta, cada vez son menos los que eligen casarse y más los que terminan en divorcio. Por ejemplo en el 2014 se inscribieron 24.771, en ese mismo año se casaron 60.328 parejas, es decir, que de cada 10 parejas que se contraen matrimonio hay otras 6 que se divorcian.

Años	Población	Total matrimonios	'Tasa nupcialidad	Total divorcios	'Tasa divorcio
2000	12 531 210	74 875	5.98	10 796	8.62
2001	12 814 503	67 741	5.29	11 068	8.64
2002	13 093 527	66 208	5.06	10 987	8.39
2003	13 319 575	65 393	4.91	10 912	8.19
2004	13 551 875	63 295	4.67	11 251	8.30
2005	13 721 297	66 612	4.85	11 725	8.55
2006	13 964 606	74 036	5.30	13 981	10.01
2007	14 214 982	76 154	5.36	14 942	10.51
2008	14 472 881	76 354	5.28	17 111	11.82
2009	14 738 472	76 892	5.22	17 117	11.61
2010	15 012 228	61 385	4.09	18 231	12.14
2011	15 266 431	73 579	4.82	21 466	14.06
2012	15 520 973	57 753	3.72	20 299	13.08
2014	16 027 466	60 328	3.76	24 771	15.46

Fig. 1. La figura ilustra una tabla estadística con las tasas de nupcialidad y divorcio desde el 2000 hasta el 2014

3.2 Nivel de instrucción de los contrayentes en el año 2014

Los resultados muestran que el nivel de instrucción predominante de los contrayente en el año 2014 fue el nivel Secundario, en los hombres con el 26,6 % y en las mujeres con el 26,3 % (Fig. 2 y Fig. 3 observe las gráficas). Se destaca, además que hasta el año 2004 el nivel de instrucción del contrayente y de la contrayente era Educación básica, desde los años siguientes y hasta el 2014 el nivel de instrucción de los divorciados/as era Secundario, y entre el 20 y 21 por ciento un nivel de Postgrado.

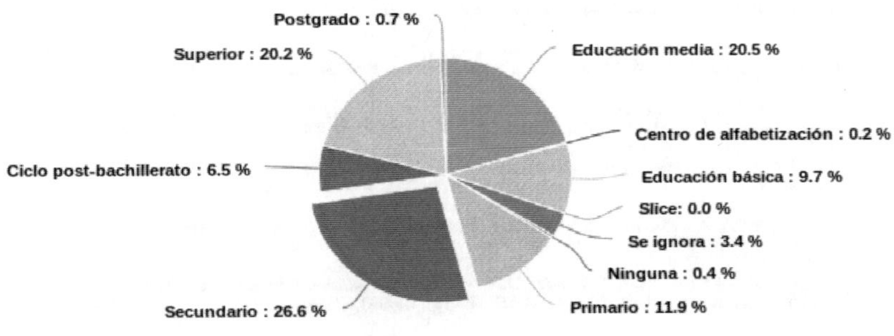

Fig. 2. Gráfica circular que representa el nivel de instrucción del contrayente

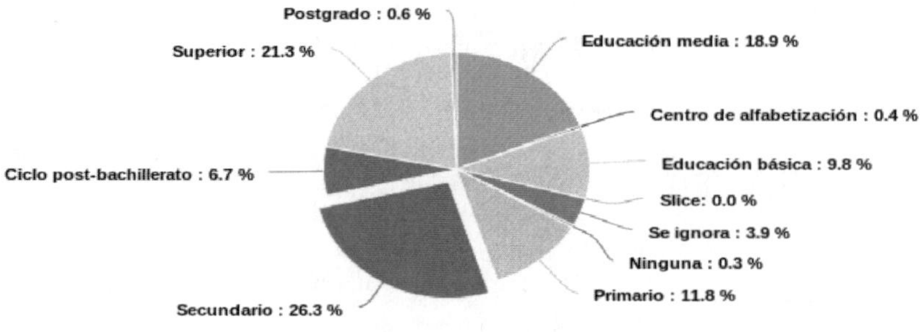

Fig. 3. Gráfica circular que representa el nivel de instrucción de la contrayente

3.3 Edad promedio de los contrayentes

Las cifras muestran que la edad promedio en que hombres y mujeres contraen matrimonio no sobrepasa los 31 años. En el año 2014, la edad promedio de las mujeres fue de 28 años. En el caso de los hombres, la edad promedio fue de 31 años. Estas edades fueron similares a las registradas en el año 2012 (Fig. 4 observe la gráfica). Según el análisis de las edades las mujeres contraen matrimonio más jóvenes que los varones. En lo que respecta a la edad promedio de los divorciados/as en el 2014, la edad promedio de ruptura del compromiso matrimonial fue de 43 años en los hombres y 40 años en las mujeres.

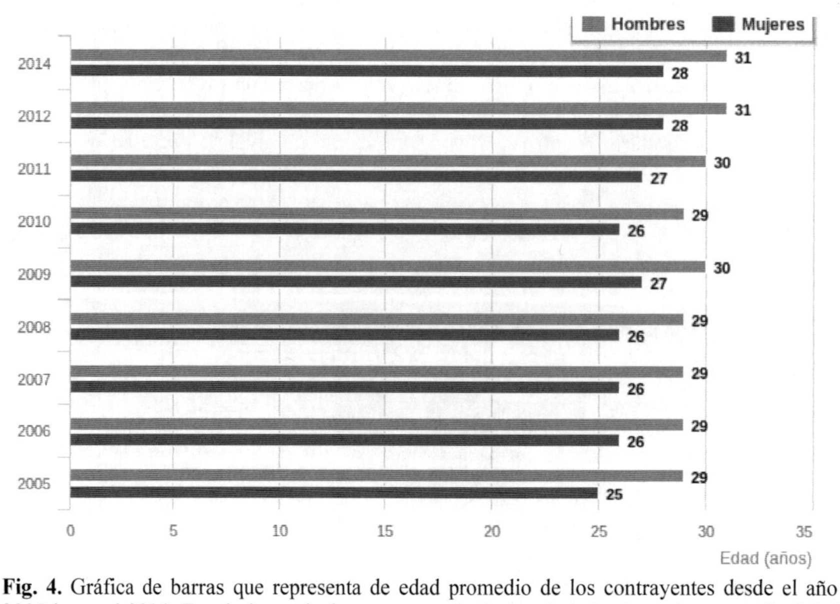

Fig. 4. Gráfica de barras que representa de edad promedio de los contrayentes desde el año 2005 hasta el 2014. En el eje vertical se muestra el *Año*, y el eje horizontal muestra la *Edad promedio del contrayente y de la contrayente*

3.4 Duración promedio del matrimonio

En Ecuador la duración promedio de un matrimonio es de 15 años. Esta cifra se ha mantenido inalterada desde el 2011. Entre los años 2006 y 2010, el promedio solo era de 14 años (Fig. 5 observe la gráfica) . Entre las uniones más largas que deciden poner fin al matrimonio están las de 30 años o más; y entre las muy cortas, los matrimonios que duraron menos de un año.

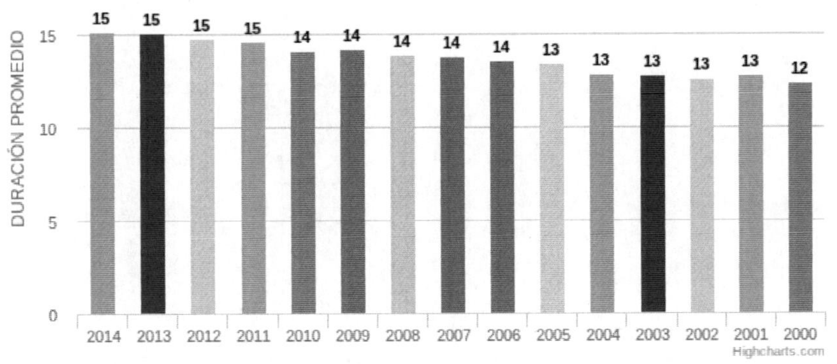

Fig. 5. Gráfica de barras que representa la duración promedio de un matrimonio en Ecuador desde el año 2000 hasta el 2014. El eje vertical hace referencia al *Año*, y el eje horizontal muestra la *Duración promedio del matrimonio*

3.5 Causas de divorcio a nivel nacional durante el año 2013 y 2014

Un dato importante nos permitió analizar la causas comunes por la registran la mayor parte de divorcios. En la Fig. 6 se muestra las descripciones de las causas y en la Fig. 7 se muestran los resultado obtenidos del análisis.

Nombre causa	Causa
C1	Mutuo acuerdo
C10	El abandono voluntario e injustificado del otro conyuge, por mas de un año ininterrumpidamente
C2	Injurias graves o actitud hostil
C3	Amenazas graves de un conyuge contra la vida del otro
C4	Tentativa de uno de los cónyuges contra la vida del otro
C5	Concepción o alumbramiento ilegitimo
C6	Los actos ejecutados por uno de los cónyuges con el fin de corromper al otro
C7	El hecho de adolecer uno de los cónyuges de enfermedad grave (incurable y contagiosa)
C8	El hecho de que uno de los cónyudes sea ebrio consuetudinario
C9	La condena ejecutoriada a reclusión mayor
C99	Se ingnora

Fig. 6. La figura ilustra una tabla con las once causas comunes de divorcio

Según los datos, la mayor parte de los cónyuges que se divorciaron lo hicieron por mutuo acuerdo. En el 2013, hubo 10.562 matrimonios que se disolvieron por esta causa, y en el 2014 el número de divorcios incrementó a 16.387. La segunda causa por la que más se divorcia es por abandono voluntario e injustificado del uno de los cónyuges, por más de un año ininterrumpidamente.

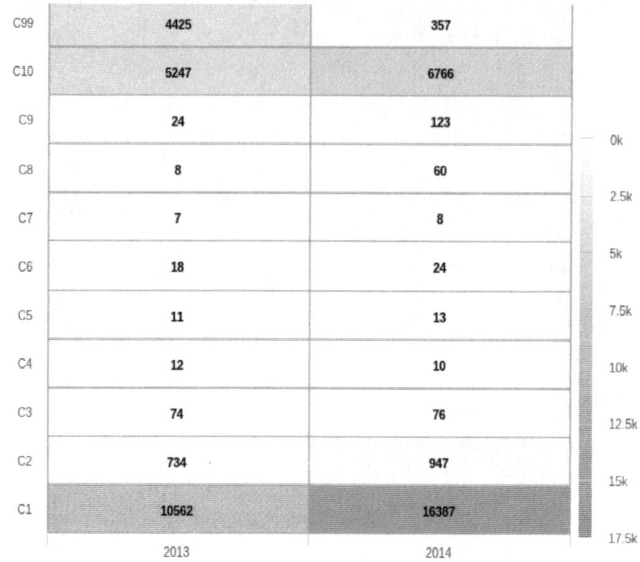

Fig. 7. La gráfica muestra las once causas de divorcio y el número de divorcios registrados por tal causa durante el 2013 y 2014

3.6 Matrimonios según la provincia de inscripción en el año 2014

Otra de las variables analizadas en este estudio es la provincia de inscripción, que hace referencia al lugar geográfico donde se inscribe el matrimonio o la sentencia de divorcio. El análisis de los datos demostró que las provincias de Guayas y Pichincha registraron el mayor número de matrimonios durante el año 2014 (Fig. 8 observe la gráfica). La provincia de Guayas registró 15.210 divorcios, en cambio Pichincha 13.015 divorcios, un 1,4 % menos.

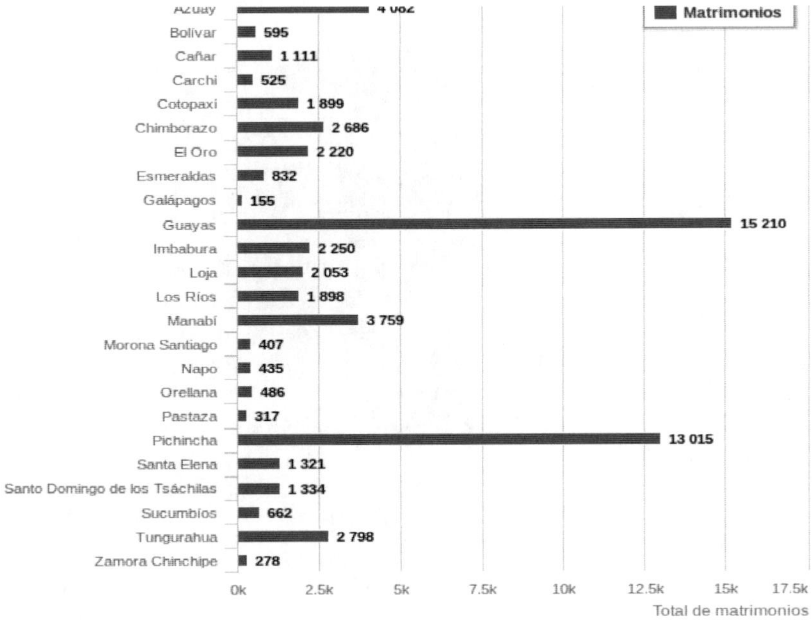

Fig. 8. Gráfica de barras horizontales que muestra el número de matrimonios según la provincia donde se inscribió el matrimonio

3.7 Mapa temático de nupcialidad según regiones en el año 2014

Los resultados ponen de manifiesto que la región Sierra registró el mayor número de compromisos matrimoniales durante el año 2014 (Fig. 9 observe la gráfica). Se calcula que de cada centenar de matrimonios, 41,8 % termina en divorcio, más del tiple respecto a los 14,4 % que se registraban en el 2000. En la región Costa es similar, de cada 100 matrimonios al menos el 41,1 % se divorcia. Las regiones Amazónica e Insular registraron en el 2014 el menor número de matrimonios.

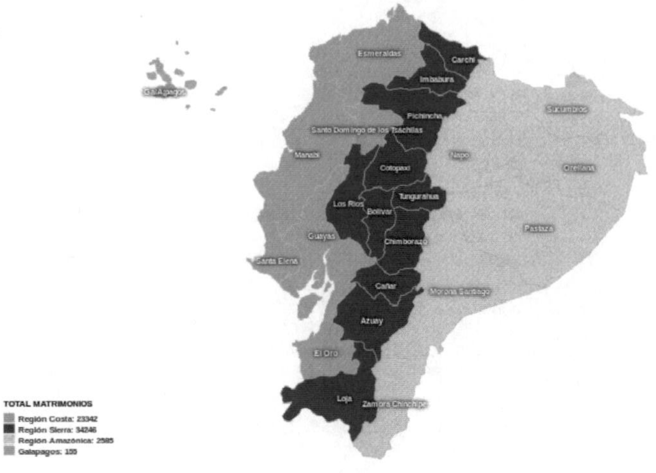

Fig. 9. Mapa temático que muestra el *Número total de matrimonios* registrados en el año 2014 según la *región Costa, Sierra, Amazónica* y *Galápagos*

4 Conclusiones

La aplicación de tecnologías como Django y Python permite desarrollar aplicaciones web de manera más rápida. Los resultados obtenidos demuestran que el uso de la librería *Highcharts* para generar gráficos estadísticos facilita lograr mejores soluciones gráficas a la hora de realizar un análisis con gran cantidad de datos. De la misma manera se ha logrado dar solución al problema de la privación de los datos relacionados con los matrimonios y divorcios, a través de una aplicación donde cualquier usuario u organización puede tener libre acceso a esta información mediante gráficas estadísticas.

El estudio y análisis de los datos muestran que pese a que la población ecuatoriana incrementa, cada vez son menos las parejas que deciden casarse y más las que se divorcian. A pesar de ciertas evidencias de ruptura del compromiso matrimonial por los ecuatorianos, los datos que depara este estudio lo presentan como una institución social importante. La tasa de divorcio indica que del 8,62 registrado el año 2000, para el 2014 esta tasa experimentó un incremento del 4,4 %, llegando hasta el 15,46 por cada 10.000 habitantes. Desde luego, hay que considerar que probablemente un porcentaje de la población no recurre al matrimonio ni al divorcio, debido a que la ley de nuestro país, determina que algunas parejas puedan vivir en unión libre.

Otra consideración que surge del análisis de los datos es el nivel de instrucción de las parejas que contraen matrimonio, la mayor parte posee al menos un nivel de instrucción Básico o Superior, pero muy pocos han logrado un título de cuarto nivel. De igual forma también muestran que la edad promedio en la que las parejas deciden unir lazos matrimoniales oscila entre los 25 y 28 años en las mujeres, y de 29 a 31 años en los hombres. Asimismo los resultados obtenidos señalan que la duración promedio de un matrimonio es de 15 años, y la causa más común de divorcio es por acuerdo mutuo. También se ha determinado en el mapa temático que la región Sierra es la que registra el mayor número de matrimonios de ambos géneros.

Cabe recalcar que en este documento no se presentan los resultados de todas las variables analizadas, sin embargo, en la aplicación desarrollada se muestra con más detalle. Puede encontrar el código de la aplicación desarrollada en el siguiente enlace de GitLab: https://git.taw.utpl.edu.ec/fjsigcho/ESMADI/.

5 Trabajos futuros

Dentro de un trabajo de investigación es importante identificar las línea de trabajo para dar continuidad al esfuerzo invertido, de tal manera en el presente estudio han surgido algunas líneas que se han dejado abiertas y que se espera alcanzar en un futuro; una de ellas es la creación de un Web Services, que almacene los datos sobre los matrimonios y divorcios utilizados en este estudio, con el fin de que otras aplicaciones de software desarrolladas en otros lenguajes de programación e independientemente de la plataforma en que se ejecuten, puedan hacer uso de ellos.

Referencias

1. Llerena, J. M.: Apertura de datos en proyectos Django. Universidad de Cádiz, Cádiz (2013)
2. INEC. Anuario de Estadísticas Vitales Matrimonios y Divorcios. Dirección de Estadísticas Socio demográficas (2014)
3. Harbitz, M. E., Arcos Axt, I.: Diccionario para registros civiles e identificación. Banco Interamericano de Desarrollo, Washington (2013), 56.
4. Martínez, J.: Amores que duran... y duran... y duran. Pax México (2006)
5. Pavón, J.: El patrón Modelo Vista Controlador (MVC). Universidad Complutense Madrid (2008)
6. Camps, R., Casillas, L.A., Costal, D., Gibert, M., Martín, C., Pérez, O.: Software libre. *Modulo 6: Base de datos en PostgreSQL*. Universidad Oberta de Catalunya, Barcelona (2007)
7. González, R.: Python para todos. Autoedición (2010)
8. Comunidad española de Django.: Django en español. *Django en español*. http://django.es/ (2016). Accedido el 17 marzo del 2016
9. Holovaty, A., Kaplan-Moss, J., Carreira, O.: La guía definitiva de Django. *Anaya Multimedia*. Celayita México (2010)

Uso de herramientas SIG en el análisis de la actividad volcánica del volcán Cerro Machín

Elsa Juliana Vega-Salazar[1], y Laura Viviana Vega-Salazar[2]

[1] Geóloga, Universidad de Caldas, Estudiante Especialización en SIG Universidad de Manizales, Contratista Grupo Dewhurst
ejvs91@gmail.com, j.vega@dewhurstgroup.us
[2] Estudiante Geología, Universidad de Caldas
laurav.vega.s@gmail.com

Resumen. El documento presenta el análisis de la actividad sísmica, específicamente del tipo Volcano-Tectónica (VT), ocurrida en el volcán Cerro Machín, ubicado en el Parque Natural los Nevados en la zona andina central colombiana, durante el periodo 1998-2015. El seguimiento lo hace el Servicio Geológico Colombiano, a través del Observatorio Vulcanológico y Sismológico de Manizales. Con los datos obtenidos por la red de vigilancia, los sismos son clasificados y localizados, para luego, con ayuda de herramientas de Sistemas de Información Geográfica (SIG) se crea un modelo destinado a visualizar la distribución de los sismos y establecer las fuentes sismogénicas más importantes del volcán.

1 Introducción

Colombia es un país con alta variedad tectónica y geológica, debido a la colisión de las placas Nazca y Sudamericana, que se evidencia en la superficie como volcanes, teniendo especial importancia el Parque Natural de Los Nevados ubicado en la zona andina central del país, el cual consta de diversos volcanes con similares características y edad de origen, donde se destaca el volcán Nevado del Ruiz, reconocido por su majestuosidad y poder eruptivo, y recordado por su erupción noviembre de 1985 que arrasó la ciudad de Armero (Tolima).

En el mencionado parque, y dentro del Complejo volcánico Cerro Bravo – Cerro Machín, se encuentra el Volcán Cerro Machín (VCM), a 7 Km en línea recta de Ibagué (capital del departamento del Tolima), con el Índice de Explosividad Volcánica más alta en Colombia (VEI=5) [1]. Desde 1998 este volcán ha sido monitoreado, pero a partir del 2000, aumentó la cantidad de estaciones dedicadas a su monitoreo, debido no solo a la mejora en los instrumentos de medida por el avance técnico y tecnológico, sino también por la importancia de vigilar este gran y posible devastador volcán en lo concerniente a pérdidas de vidas y bienes de la población, pero rico en el ámbito sísmico y geológico por su gran explosividad.

El documento presenta el análisis y caracterización de la sismicidad Volcano-Tectónica ocurrida en el VCM durante el periodo 1998-2015, para lo cual se contó con herramientas de sistemas de información geográfica.

2 Conceptos sismológicos

Un sismo "corresponde al proceso de liberación de energía y generación como posterior propagación de ondas por el interior de la Tierra. Al llegar a la superficie de la Tierra, estas ondas son percibidas tanto por la población como por estructuras (Dependiendo de la Magnitud, distancia epicentral, geología local, profundidad y otros factores)" [2].

En el caso de los sismos volcánicos, su clasificación y procesamiento se hace según su origen, que, de manera resumida, pueden describirse así [3]:

– Sismos VT o Volcano-Tectónicos, generados por el fracturamiento de las rocas adyacentes a los conductos volcánicos, permitiendo diferenciar claramente las ondas P y S [Fig. 1]. Presentan frecuencias predominantes entre los 5-15 Hz[1], aunque en ocasiones pueden ser mayores.

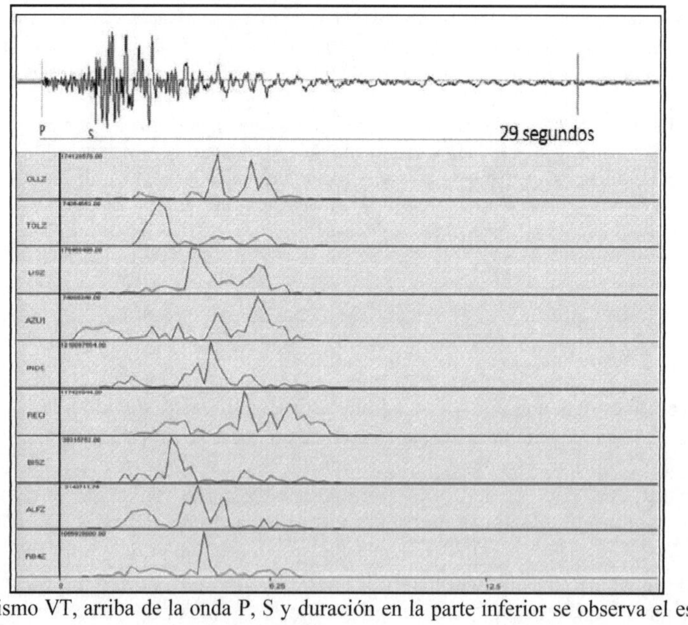

Fig. 1. Sismo VT, arriba de la onda P, S y duración en la parte inferior se observa el espectrograma [5]

– Sismos LP o de Largo Periodo, originados por la interacción de material fluido (agua, fluidos hidrotermales o magma) y gases dentro de los conductos volcánicos. En ellos no se diferencia la onda S y las frecuencias generalmente son inferiores a 5 Hz.

---

1 Suelen presentarse en forma de enjambres sísmicos. Estos sismos, al presentar las ondas P y S, permiten una localización hipocentral, con profundidad, magnitud local y/o coda, coordenadas, entre otros parámetros.

– Sismos HB o Híbridos, que tienen características tanto en su forma como en su espectro de sismos de tipo VT y LP.

– TR o Tremor Volcánico, se puede presentar como pulsos o señales de corta duración, aunque también se registran en forma constante durante horas o días, o de forma intermitente, sus frecuencias generalmente son bajas (generalmente inferiores a 5 Hz). A pesar de ser una señal característica de erupciones volcánicas, no siempre están asociadas a ellas.

Típicamente el VCM, presenta sismicidad tipo VT, que se caracterizan por tener una duración variable, desde pocos segundos hasta minutos [4]. El arribo de la onda P puede ser impulsivo, generalmente se puede identificar el arribo de la onda S cuando se tiene un sensor triaxial.

3 Volcán Cerro Machín

Está ubicado en el departamento de Tolima [Fig. 2] en el municipio de Ibagué, con una altura de 2750 msnm, en las coordenadas 4°29'N y 75°22'W [Fig. 2]. Su basamento lo conforman rocas paleozoicas (+/- 541 a +/- 254 m.a. Grupo Cajamarca), se encuentra en el cruce de fallas con dirección NNE. Es un volcán caracterizado por su alta explosividad, dada a la composición dacítica de los productos volcánicos. Pese a su corta historia eruptiva, el VCM presenta domos, taponando el conducto volcánico, también tiene depósitos de flujo piroclástico de ceniza y pómez, ceniza y bloques, oleadas piroclásticas y depósito de flujo de lodo [6].

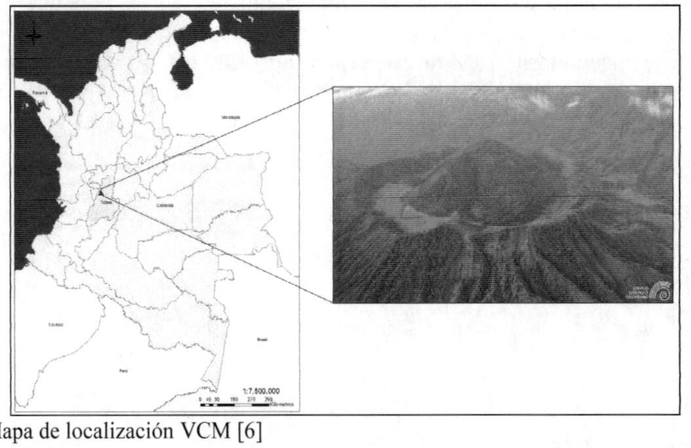

Fig. 2. Mapa de localización VCM [6]

El VCM es un volcán tipo anillo piroclástico, activo y altamente explosivo, pues su VEI= 5, cuyas erupciones han sido dominantemente magmáticas con columnas eruptivas con características plinianas y con extrusión de domos [7], que en la actualidad muestra cambios en su comportamiento volcánico. Geológicamente se encuentra sobre rocas andesíticas porfiríticas, típicas de ambientes volcánicos.

4 Metodología del trabajo

4.1 Ubicación

El trabajo corresponde al monitoreo volcánico, a partir de la detección y monitoreo de los sismos, mediante sismógrafos que miden las perturbaciones ocurridas y sensores que se clasifican de acuerdo con su respuesta de frecuencia [8]. En el caso de la red de vigilancia del Servicio Geológico Colombiano en el Parque Natural de los Nevados, está conformada por 109 estaciones distribuidas en cuatro redes específicas: de deformación, de geofísica, de geoquímica y de sismología [5].

4.2 Procedimiento

Los sismos se generan en los sistemas volcánicos y se transmite de manera telemétrica hasta el centro de procesamiento donde se clasifican y localizan: - La clasificación se hace con base a la forma, espectro de la señal, una vez se identifica el tipo de sismo se pica la onda P, para todos los sismos y para los sismos VT (como es el caso del VCM) y HB la onda S, posteriormente se determina la longitud del tiempo medida en segundos, denominado coda, y se marca la mayor amplitud se guarda el sismo en la base de datos sismológica. - Para la localización se emplean diferentes estaciones de la red volcánica, en estas estaciones se lee la onda P, onda S, amplitud y coda, con estos parámetros se da una localización hipocentral, la cual expresa una magnitud local y una magnitud coda, además de otros datos de interés para los expertos en sismología y vulcanología. Tal proceso genera un archivo txt, que se organiza y se transforma a formato csv (formato compatible con el software ArcGIS), como se representa en la Fig. 3.

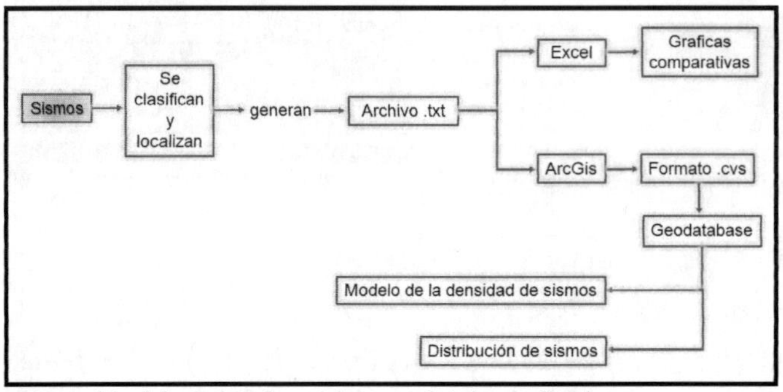

Fig. 3. Representación del proceso de monitoreo volcánico realizado

Una vez se tiene la tabla en Excel se realizan gráficas que permitan realizar comparativos. En ArcGIS, se crea una geodatabase, donde se condensan10609 filas, donde se muestra la densidad de sismos VT registrados entre 1998-2015. Con ArcMap se visualiza la distribución de los sismos y se establecen las fuentes sismogénicas más importantes del volcán. Para permitir la visualización se utilizan cajas de herramientas creadas en lenguaje Python (Apéndice 1)

para procesamiento de datos espaciales, específicamente dos cajas para magnitud y profundidad de los VT, que simplifican la visualización de los sismos de acuerdo con la característica elegida.

5 Resultados

Durante el periodo 1998-2015, se presenta el aumento en la cantidad de sismos registrados, mostrando fluctuaciones de la actividad volcánica, pero dado el avance tecnológico en los instrumentos de medición (sismómetros), ha permitido no solo registrarlos sino mejorar calidad de datos adheridos a un sismo, permitiéndose registrar, clasificar y localizar sismos VT con magnitudes menores a 1 (imperceptibles para los seres humanos). La Fig. 4, evidencia una concentración de sismos cerca al cráter del VCM, pero también que tienen una distribución con una tendencia al Sur Este (SE), podiéndose ver una fuente importante para este volcán.

Fig 4. Ubicación de sismos del VCM durante el periodo 1998-2015

Dada la dinámica presentada en el periodo estudiado, para la presentación se consideran cinco lapsos, que se caracterizan por rangos de profundidades, magnitudes o registros de sismos, para establecer diferencias entre ellos.

5.1 Periodo 1998-2001

En los inicios del monitoreo del VCM, la magnitud aumenta a finales del mismo, mostrándose un aumento de magnitud con el avance de este tiempo evaluado [Fig. 5]. Las profundidades en general están por debajo de los 6 Km, lo que los hace sismos superficiales, pero también presentándose sismos profundos cerca a los 14 Km, se observa una relación entre la mayor magnitud y la mayor profundidad que corresponde al sismo del 27 de noviembre del 2000.

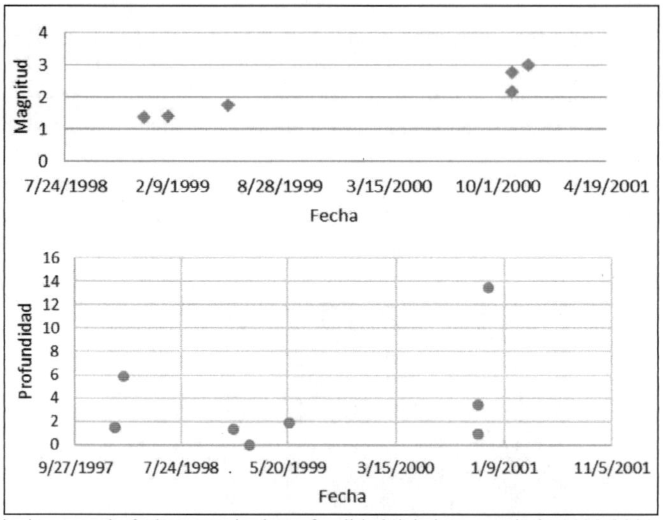

Fig. 5. Relación entre la fecha, magnitud, profundidad del sismo, periodo 1998-2001

5.2 Periodo 2002-2005

En la Fig. 6 se pueden visualizar incrementos de actividad importantes:

- El primero ocurrido en el mes de noviembre del 2003, para este enjambre sísmico se evidencia que las magnitudes de estos sismos estuvieron concentradas en el rango de -1 a 2.5 y profundidades para también presentaron rangos amplios entre 0-20 Km.
- En agosto de 2004 se presentó con magnitudes entre -1 a 1 y cuyas profundidades oscilaron entre 0-6 Km, mostrándose un rango estrecho.
- Durante el 2005, se notó un incremento en la actividad volcánica, llegando la magnitud casi a 4, el rango para de magnitud estuvo entre -2 y 4, las profundidades presentaron un comportamiento similar, con rangos entre 0-15 Km.

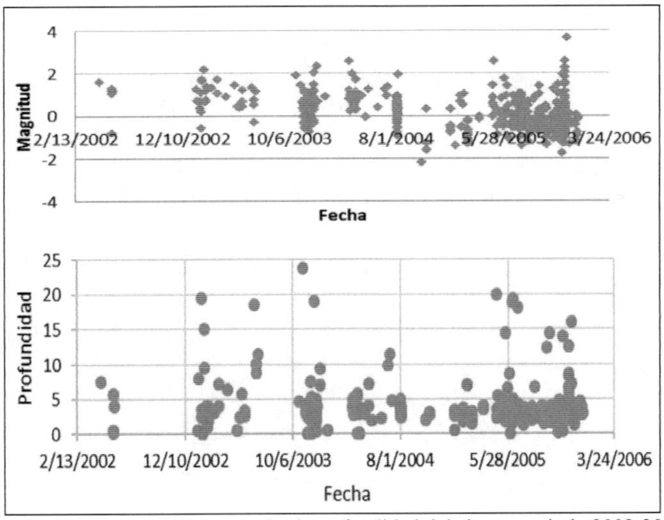

Fig. 6. Relación entre la fecha, magnitud, profundidad del sismo, periodo 2002-2005

5.3 Periodo 2006-2008

En la Fig. 7 se observa que la actividad sísmica fue alta, desde magnitudes de -3 hasta 4.5, presentando altos registros de sismicidad teniéndose una actividad alta constante, las profundidades estuvieron entre 0-19 Km, pero las mayores densidades de sismos estuvieron entre 1-6 Km de profundidad.

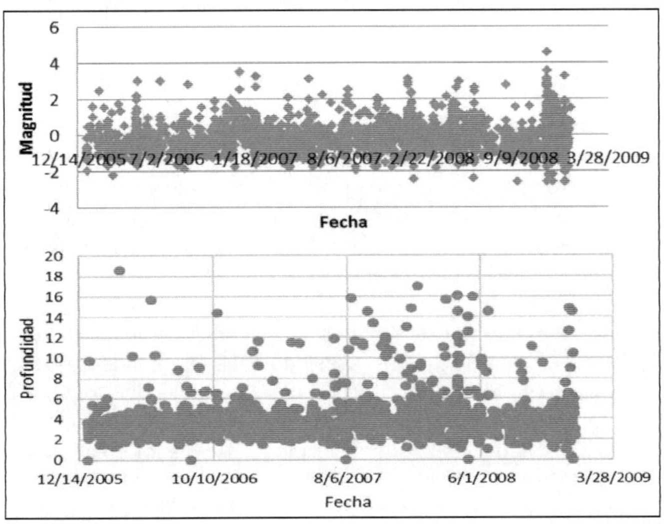

Fig. 7. Relación entre la fecha, magnitud, profundidad del sismo, periodo 2006-2008

5.4 Periodo 2009-2012

La Fig. 8 muestra un comportamiento similar del anterior rango, mostrando incrementos considerables en octubre del 2012, cuando se presentó un sismo de magnitud superior a 4.5, siendo el sismo de mayor magnitud registrado desde que el VCM cuenta con vigilancia. Las profundidades oscilaron en 0-30 Km, aunque predominando entre 2-7 Km. La profundidad del sismo de mayor magnitud (4.58) fue de 13.5 Km.

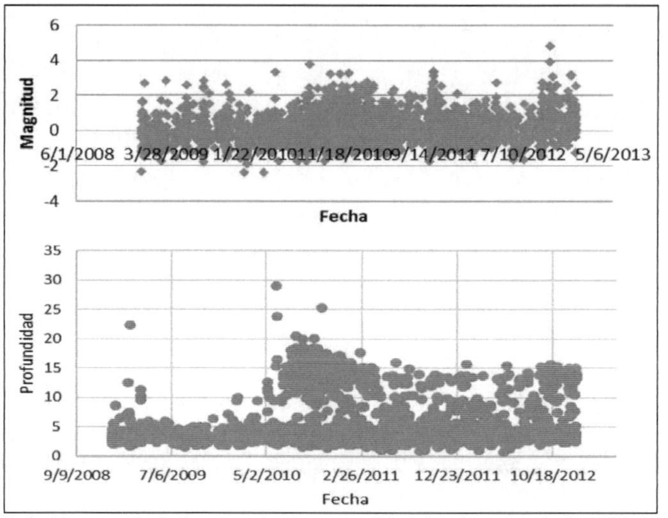

Fig. 8. Relación entre la fecha, magnitud, profundidad del sismo, periodo 2009-2012

5.5 Periodo 2013-2015

El VCM continuó con el comportamiento mostrado desde el 2006, presentando sismos con magnitudes entre -2 a 3.8, e inestabilidad del sistema volcánico. Las profundidades para este periodo de tiempo no tuvieron una tendencia marcada, y teniéndose una distribución más heterogénea, aunque se evidencia una somerización de la fuente sismogénica, siendo la profundidad mayor de 18 Km, en sí para este periodo, tuvo un rango entre 0-18 Km [Fig. 9].

Lo anterior puede mostrar que el seguimiento y monitoreo de la actividad volcánica, puede realizarse empleando diferentes metodologías [9], donde realizaron comparaciones de los espectros de las diferentes fuentes sísmicas del volcán Nevado del Huila (COL), a diferencia de este trabajo que no contempla los espectros de los sismos para el Volcán Cerro Machín.[10], muestran el sistema informático de análisis y procesamiento de señales sísmicas, que trabajan con archivos con formato SAC (Código de Análisis Sísmico) permitiendo la selección de estaciones sísmicas, donde el programa lee la información de los archivos y los guarda en variables temporales, este trabajo difiere al que se realizó en el formato que se utilizó fue csv para ingresar los datos al software ArcGIS y como archivo final un shapefile, además el presente trabajo difiere en que los autores tienen un sistema que les permite seleccionar por estaciones mientras que el presente trabajo utiliza el producto de la localización de los sismos.

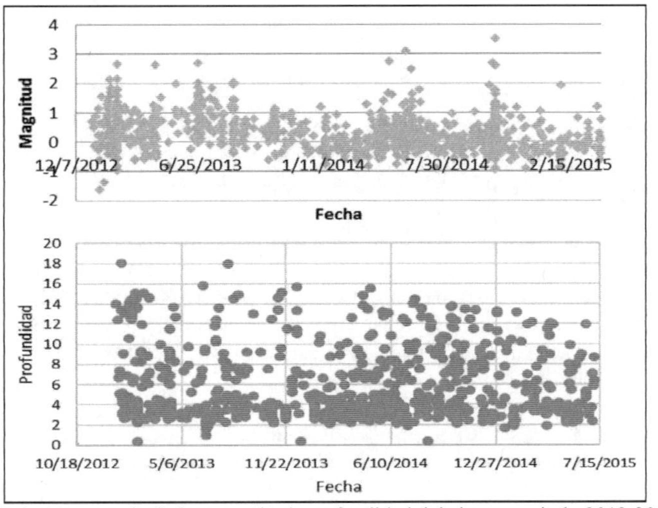

Fig. 9. Relación entre la fecha, magnitud, profundidad del sismo, periodo 2013-2015

Otros métodos de monitoreo volcánico [11], donde plantean que los observatorios vulcanológicos en las últimas décadas se han ido equipando con estaciones GNSS[2] permanentes e imágenes InSAR (monitoreo de la deformación volcánica), cámaras web, procesamiento digital de imágenes de sensores remotos, sensores acústicos, equipos para medir movimiento y permanencia de gases, equipos de seguimiento de temperatura de fuentes termales y campos fumarólicos, sensores de magnote-telúrica (MT), sensores sismológicos, sensores de fluidos, este trabajo solo tiene en cuenta la información sismológica aportada por los sismómetros.

6 Conclusiones

Desde el 2003 hasta el 2015, se muestra una continua evolución de la sismicidad, teniéndose una alta densidad de ocurrencia sísmica en el cráter y al Sur-Este (SE) del mismo.

Las magnitudes tuvieron variaron en el transcurso del tiempo, donde el sismo de menor magnitud localizado es de -2.59 y el de mayor magnitud de 4.82 hasta, estas

[2] GNSS (Global Navigation Satellite System), [12] es el acrónimo que se refiere al conjunto de tecnologías de sistemas de navegación por satélite que proveen de posicionamiento geoespacial con cobertura global de manera autónoma.

magnitudes muestran el periodo desde 1998 hasta junio del 2015, es, presentándose alto número de registros para el periodo de tiempo evaluado.

Las profundidades de los sismos VT pertenecientes al VCM, tienen un rango entre 0-29 Km, esto evidenciando la gran actividad sísmica generada por este volcán.

Con ayuda de los SIG, se facilita la visualización, análisis e interpretación de los sismos ocurridos, con el fin de caracterizarlos y conocer la evolución de la actividad sísmica.

Referencias

1. Duque Escobar, G.: Desafíos del Complejo Volcánico Ruiz-Tolima. Universidad Nacional de Colombia, Manizales (2013). http://www.bdigital.unal.edu.co/9484/1/gonzaloduqueescobar.201320.pdf.
2. Servicio Geológico Colombiano – Red Sismológica Nacional de Colombia: Conceptos Básicos. Servicio Geológico Colombiano – Red Sismológica Nacional de Colombia, Bogotá http://seisan.sgc.gov.co/RSNC/index.php/material-educativo/conceptos-basicos
3. Londoño B., J.M.: Manual de sismología volcánica básica. Manizales (Colombia); Ingeominas, Manizales (2002).
4. Ibáñez Jesús M. & Carmona Enrique, Sismicidad Volcánica, Instituto Andaluz de Geofísica de Granada, Campus de Cartuja s/n 18071, Granada.
5. Vega Salazar, E.J., Muñoz Maya. J.A.: Análisis de la actividad volcánica tipo VT y LP del volcán Nevado del Ruiz entre 1985-2012. Ventana Informática (33) (2015) 157-170.
6. Servicio Geológico Colombiano – Observatorio Vulcanológico y Sismológico de Manizales: Generalidades – Volcán Cerro Machín. Servicio Geológico Colombiano – Observatorio Vulcanológico y Sismológico de Manizales, Manizales (2016). http://www2.sgc.gov.co/Manizales/Volcanes/Volcan-Cerro-Machin/Generalidades.aspx
7. Villegas, H.: La integración regional de la amenaza volcánica para el Parque Nacional Natural de los Nevados, en ambiente SIG. Geología Colombiana (28) (2003) 13-23.
8. Vargas Jiménez, D.S., Rodríguez Espinosa, E.V., Otero Foliaco, J.E.: Alternativas para la detección y monitoreo de amenazas sísmicas basadas en Arduino. Revista de Ingenierías USBMED 4 (2) (2013). 45-54.
9. Londoño J. M., Quintero D. M., Santacoloma C.C.: Análisis espectral de las fuentes sismogénicas de sismos volcano-tectónicos en el Volcán Nevado del Huila. Revista Earth Science Research Journal (2014). Vol. 18 Special Issue, 328.
10. Viracucha E. & De la Bastida J.: Sistema informático para el análisis y procesamiento de señales sísmicas de volcanes en Ecuador. Revista Earth Science Research Journal (2014). Vol. 18 Special Issue, 323.
11. Alpala J., Oliveras N., Ospina C., Meza C., Alpala R.: Implementación y renovación de nuevas técnicas geofísicas para el monitoreo de volcanes activos colombianos. Revista Earth Science Research Journal (2014). Vol. 18 Special Issue, 313.
12. García Álvarez D.A.: Sistema GNSS (Global Navigation Satellite System), Escuela Politécnica Superior Universidad Autónoma de Madrid, (2008).

Apéndice

Búsqueda por volcán. Esta caja de herramientas permite elegir los sismos para el caso de estudio se elige MVT, la M significa Volcán Cerro Machín y VT son las siglas que representan a los sismos volcano-tectónicos, en la Fig. 10 se puede visualizar la caja de herramientas en ArcGIS, la cual permite elegir la capa de entrada que debe tener en su tabla de atributos una columna denominada "tipo_sismo" donde está el código MVT, de lo contrario la caja de herramientas no funcionará.

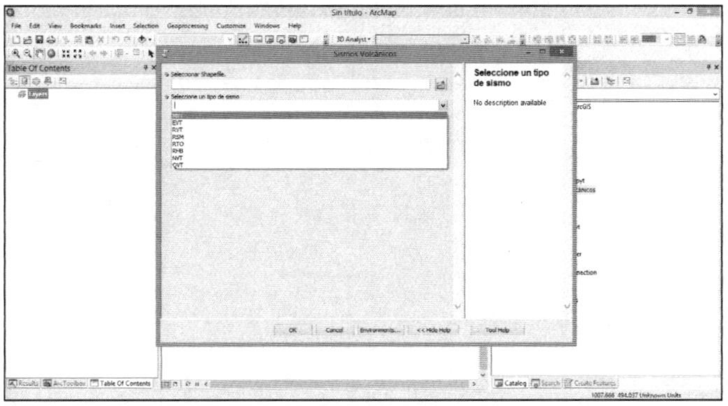

Fig. 10. Visualización de la caja de herramientas de elección de sismos

```
# -*- coding: cp1252 -*-
from arcpy import arcpy
class Toolbox(object):
    def __init__(self):
        """Define the toolbox (the name of the toolbox is the
name of the .pyt file)."""
        self.label = "Sismos Volcánicos"
        self.alias = "Sismos Volcánicos"
        # List of tool classes associated with this toolbox
        self.tools = [BuscaPorVolcan]
arcpy.env.overwriteOutput = True
class BuscaPorVolcan(object):
    def __init__(self):
        """Define the tool (tool name is the name of the
class)."""
        self.label = "Sismos Volcánicos"
        self.description = "Permite buscar parámetros de sismos
VT. Esta Herramienta buscar por volcán"
        self.canRunInBackground = True
    def getParameterInfo(self):
        """Define parameter definitions"""
        in_features = arcpy.Parameter(
          displayName="Seleccionar Shapefile.",
          name="in_features",
          datatype="GPFeatureLayer",
          parameterType="Required",
          direction="input"
```

```
        )
      tipo_sismo = arcpy.Parameter(
        displayName = "Seleccione un tipo de sismo",
        name = "tipo_sismo",
        datatype="String",
        parameterType="Required",
        direction="Input"
        )
      tipo_sismo.filter.list  =  ["MVT",  "EVT",  "RVT",  "RSM",
"RTO", "RHB", "NVT", "QVT"]

      params = [in_features, tipo_sismo]
      return params
    def isLicensed(self):
      """Set whether tool is licensed to execute."""
      return True
    def updateParameters(self, parameters):
      """Modify the values and properties of parameters before
internal
      validation is performed.  This method is called whenever
a parameter
      has been changed."""
      return
    def updateMessages(self, parameters):
      """Modify the messages created by internal validation for
each tool
      parameter. This method is called after internal valida-
tion."""
      return
    def execute(self, parameters, messages):
      """The source code of the tool."""

      if parameters[1].value:
        codigoSismo = parameters[1].value
      else:
        return

      qry = '"Tipo_sismo"= \''+ codigoSismo +'\''
      arcpy.AddMessage("Consulta:" + qry)
      try:
        capa                                                      =
arcpy.MakeFeatureLayer_management(parameters[0].value,        "re-
sultado_sismo")
        arcpy.SelectLayerByAttribute_management(capa,
"NEW_SELECTION", qry)

        cnt = arcpy.GetCount_management(capa)
        arcpy.AddMessage(cnt)

        mxd = arcpy.mapping.MapDocument("CURRENT")
        df = arcpy.mapping.ListDataFrames(mxd,"*")[0]
        newlayer = arcpy.mapping.Layer("resultado_sismo")
        arcpy.mapping.AddLayer(df, newlayer, "BOTTOM")
        arcpy.RefreshActiveView()
        arcpy.RefreshTOC()
        #del mxd, df, newlayer
      except:
```

```
        arcpy.AddMessage(arcpy.GetMessages())

      #arcpy.AddMessage(parameters[0].value)
      arcpy.AddMessage("codigo sismo seleccionado:" + codigo-
Sismo)
      return
```

Búsqueda magnitud. Permite elegir rangos de magnitud, entre -3 a 4 en intervalos de 1 a 1, para que la caja de herramientas funcione es indispensable tener una columna denominada "magnitud", donde este la magnitud del sismo, de lo contrario la caja de herramientas no funcionará.

En la Fig. 11 se puede observar la interfaz en ArcGIS la cual se ingresa la información para correr esta caja.

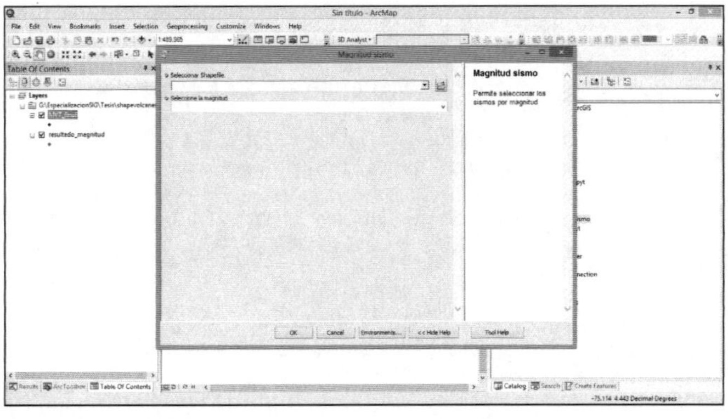

Fig 11. Visualización de la caja de herramientas para elección de magnitud

```
# -*- coding: cp1252 -*-
from arcpy import arcpy
class Toolbox(object):
    def __init__(self):
      """Define the toolbox (the name of the toolbox is the
name of the .pyt file)."""
      self.label = "Magnitud sismo"
      self.alias = "Magnitud sismo"
      # List of tool classes associated with this toolbox
      self.tools = [BuscarporMagnitud]
      class BuscarporMagnitud(object):
    def __init__(self):
      """Define the tool (tool name is the name of the
class)."""
      self.label = "Magnitud sismo"
      self.description = "Permite seleccionar los sismos por
magnitud"
      self.canRunInBackground = True
    def getParameterInfo(self):
      """Define parameter definitions"""
      in_features = arcpy.Parameter(
        displayName="Seleccionar Shapefile.",
```

```
         name="in_features",
         datatype="GPFeatureLayer",
         parameterType="Required",
         direction="input"
         )
      Magnitud_C = arcpy.Parameter(
         displayName= "Seleccione la magnitud",
         name = "Magnitud_C",
         datatype="String",
         parameterType="Required",
         direction='input'
         )
      Magnitud_C.filter.list = ["-3  a -2", "-2 a -1", "-1 a
0", "0 a 1", "1 a 2", "2 a 3", "3 a 4", "4 a 5"]
      params = [in_features, Magnitud_C]
      return params


   def isLicensed(self):
      """Set whether tool is licensed to execute."""
      return True
   def updateParameters(self, parameters):
      """Modify the values and properties of parameters before
internal
      validation is performed. This method is called whenever a
parameter
      has been changed."""
      return
   def updateMessages(self, parameters):
      """Modify the messages created by internal validation for
each tool
      parameter. This method is called after internal valida-
tion."""
      return
   def execute(self, parameters, messages):
      """The source code of the tool."""
      if parameters[1].value:
         magnitud = parameters[1].value
      else:
         return
      arcpy.AddMessage(magnitud)
      if magnitud == '-3  a -2':
         qry = '"Magnitud_C" > -3.00 and "Magnitud_C" < -2.01'
      if magnitud == '-2 a -1':
         qry = '"Magnitud_C" > -2.00 and "Magnitud_C" < -1.01'
      if magnitud == '-1 a 0':
         qry = '"Magnitud_C" > -1.00 and "Magnitud_C" < 0.01'
      if magnitud == '0 a 1':
         qry = '"Magnitud_C" > 0.00 and "Magnitud_C" < 0.99'
      if magnitud == '1 a 2':
         qry = '"Magnitud_C" > 1.00 and "Magnitud_C" < 1.99'
      if magnitud == '2 a 3':
         qry = '"Magnitud_C" > 2.00 and "Magnitud_C" < 2.99'
      if magnitud == '3 a 4':
         qry = '"Magnitud_C" > 3.00 and "Magnitud_C" < 3.99'
      if magnitud == '4 a 5':
         qry = '"Magnitud_C" > 4.00 and "Magnitud_C" < 4.99'
```

```
    arcpy.AddMessage( qry)
    try:
      capa=
arcpy.MakeFeatureLayer_management(parameters[0].value,
      "resultado_magnitud")
      arcpy.SelectLayerByAttribute_management(capa,
"NEW_SELECTION", qry)
      cnt = arcpy.GetCount_management(capa)
      arcpy.AddMessage(cnt)
      mxd = arcpy.mapping.MapDocument("CURRENT")
      df = arcpy.mapping.ListDataFrames(mxd,"*")[0]
      newlayer = arcpy.mapping.Layer("resultado_magnitud")
      arcpy.mapping.AddLayer(df, newlayer, "BOTTOM")
      arcpy.RefreshActiveView()
      arcpy.RefreshTOC()
      del mxd, df, newlayer
    except:
      arcpy.AddMessage(arcpy.GetMessages())
    arcpy.AddMessage("magnitud:")
    return
```

Sincronización caótica aplicada en la transmisión de información codificada: estudios preliminares en un esquema de comunicación punto a multi-punto

Sarai Galván-Sánchez, Octavio Flores-Siordia, Carlos Padilla-Leyferman, Ma. Guadalupe González-Novoa, y Maricela Jiménez-Rodríguez[1]

[1] Universidad de Guadalajara, Centro Universitario de la Ciénega, Código Postal 47820 Ocotlán, Jalisco, México
http://www.cuci.udg.mx

Resumen. Este artículo presenta los estudios preliminares sobre el desarrollo de una aplicación que implemente sincronización caótica para transmitir y almacenar información de forma segura en un esquema de comunicación punto a multi-punto. Se implementará un modelo matemático caótico para establecer la sincronización de equipos y generar órbitas caóticas que se utilicen para particionar, codificar y almacenar un archivo en diferentes dispositivos. El sistema debe ser robusto con la finalidad de minimizar los ataques cibernéticos de usuarios no autorizados a la red.

1 Introducción

En la actualidad se ha incrementado de forma exponencial los dispositivos que están conectados a la red de comunicaciones pero muchos de los usuarios no aplican ningún tipo de seguridad, por descuido o ignorancia, lo que los hace susceptibles de sufrir ataques por usuarios mal intencionados. Hoy en día es común encontrar casos en los que aficionados o usuarios expertos han logrado atacar a instituciones potencialmente seguras como: el Pentágono y la NASA. Por lo que hay que tomar en cuenta que todos somos usuarios dependientes de los sistemas electrónicos e informáticos, y a la vez estamos vulnerables ante algún ataque cibernético [1].

Existen informes emitidos por la empresa McAfee Labs, líder mundial de investigación e información sobre amenazas e innovación en ciberseguridad y en conjunto con Intel Security, donde reportan que cada minuto se contabilizan 327 nuevas amenazas, asimismo destacan temas importantes como el ataque a la nube por medio de troyanos bancarios móviles y el regreso del malware basado en macros [2].

En base a lo anterior, es indispensable garantizar la disponibilidad, integridad y confidencialidad de la información de los usuarios. Los sistemas caóticos tienen un comportamiento complejo que a simple vista se puede observar como información errónea, además son determinísticos, es decir que al conocer sus condiciones iniciales y parámetros se puede predecir exactamente su comportamiento [3]. Estas propiedades se han utilizado para implementar sistemas caóticos en comunicaciones digitales con la finalidad de mantener la seguridad [4]-[5]. Las investigaciones de Ranjan Bose y Saumitr Pathak combinan el comportamiento impredecible de la función logística con un código aritmético adaptativo para codificar texto [6]. En otro estudio desarrollaron un algoritmo de clave simétrica para cifrar, donde usaron múltiples mapas caóticos unidimensionales y una llave externa de 128 bits, el texto plano se cifra de forma secuencial utilizando mapas caóticos de forma aleatoria [7].

Pisarchik y Flores [8] realizaron un algoritmo para cifrar imágenes de color, ellos codifican cada pixel usando el mapa caótico logístico, las llaves de cifrado son los parámetros, el número de iteraciones, número de ciclos, y el tamaño de la imagen [8]. Los principios básicos para codificar información aplicando la sincronización caótica fueron demostrados en 1990 por Pecora y Carroll [9], desde entonces se han implementado distintos métodos para transmitir oculto un mensaje en base a la sincronización caótica, tales como: los estudios de Pérez y Cerdeira, que muestran como extraer mensajes ocultos en señales caóticas definidas por dos osciladores de Lorenz, implementan dos canales para transmitir, uno digital para aplicar la técnica de confusión al parámetro enviado y otro analógico para añadir un mensaje de amplitud pequeña a la señal portadora [10]. Aunque los sistemas de comunicación basados en la sincronización han sido utilizados a menudo en criptografía caótica, la seguridad de estos todavía sigue siendo un problema grave [11].

Una de las características de los sistemas caóticos es que los parámetros del sistema pueden actuar como claves secretas, siendo esto una posible ventana de acceso para usuarios no autorizados, ya que pueden ser recuperados por ataques, donde tratan de minimizar el error de sincronización mediante el ajuste de parámetros usando un sistema virtual, lo cual representa una gran vulnerabilidad en los sistemas que implementan esta técnica para codificar [12]. Para subsanar esta debilidad se propuso un algoritmo de cifrado que utiliza la técnica de sincronización pero con la finalidad de evitar que los parámetros puedan ser detectados por un atacante, estos se varían implementado el mapa caótico logístico [13].

En este artículo se propone el desarrollo de un sistema que implemente un esquema de comunicación punto a multi-punto, el cual aprovecha las ventajas de los sistemas caóticos, diseñando una técnica que codifique información basada en la sincronización con variación de parámetros y que permita minimizar ataques de usuarios no autorizados a la red, haciendo que el algoritmo a implementar sea más robusto ya que se particionará cualquier tipo de archivo en n-partes, las cuales posteriormente se almacenarán en diferentes dispositivos. Garantizando así la integridad y confidencialidad de la información ya que sólo los usuarios autorizados que dispongan de la clave podrán reensamblar nuevamente la información para su uso. El resto del documento se organiza de la siguiente manera: en la sección 2 se presenta el fundamento teórico, en la sección 3 se presenta la metodología empleada, en la sección 4 se muestran algunos resultados preliminares, finalmente en la sección 5 se presentan las conclusiones.

2 Fundamento teórico

La sincronización se lleva a cabo cuando un sistema caótico que se divide en dos subsistemas idénticos *(ma (t)-es(t))* permite que ambos se acoplen de forma unidireccional, es decir el maestro *ma(t)* puede conducir al sistema esclavo *es(t),* por lo tanto ambos siguen la misma dinámica o trayectoria. La sincronización caótica fue comprobada por Pecora y Carroll, ellos demostraron que los subsistemas *ma(t)-es(t)* tienen una sincronización completa si el error de sincronización $||ma(t)-es(t)=0||$ y el tiempo $t \rightarrow \infty$ [9],[14].

El sistema de Ecuaciones (1) es un modelo matemático caótico muy sencillo desarrollado por el científico Otto Rössler en 1976 [15].

$$\begin{aligned}\frac{dx}{dt} &= -(y+z)\\ \frac{dy}{dt} &= x+ay\\ \frac{dz}{dt} &= b+z(x-c)\end{aligned} \tag{1}$$

El oscilador de Rössler se subdivide en dos sistemas *ma(t)-es(t)*, Ecuaciones (2) y (3) respectivamente, donde las variables de estado del maestro *ma(t)* son *x,y,z*; las del esclavo *es(t)* son: *x',y',z'*, y por último los parámetros de ambos son: *a,b,c*.

Maestro

$$\begin{aligned}\frac{dx}{dt} &= -(y+z)\\ \frac{dy}{dt} &= x+ay\\ \frac{dz}{dt} &= b+z(x-c)\end{aligned} \tag{2}$$

Esclavo

$$\begin{aligned}\frac{dx'}{dt} &= -(y+z')\\ \frac{dy'}{dt} &= x'+ay\\ \frac{dz'}{dt} &= b+z'(x'-c)\end{aligned} \tag{3}$$

La variable *y* es común en los sistemas Maestro-Esclavo, es la que permite el acoplamiento y la sincronización de ambos. En la Fig. 1, se exhiben las series temporales de las variables *x vs x'* que inician con diferentes condiciones iniciales, pero después de solucionar el sistema cierto número de veces, ambos alcanzan la sincronización completa, generando los mismos valores, esto se aprovecha para codificar en el origen y posteriormente decodificar en el destino.

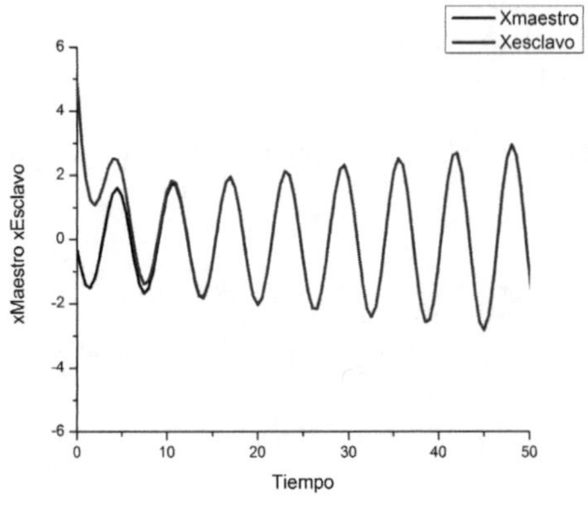

Fig. 1. Sincronización de sistemas caóticos

En la investigación de Jiménez et al. se implementó la sincronización caótica para transmitir información codificada de una computadora a otra [16]; en el origen solucionan el sistema Maestro para generar los valores de las variables de estado *x, y, z*; la salida de la variable *y* del maestro se utiliza como entrada de *y* en el esclavo (destino), para lograr la sincronización completa. Una vez sincronizados el Maestro codifica y el esclavo puede decodificar. Este proceso se muestra en la Fig. 2.

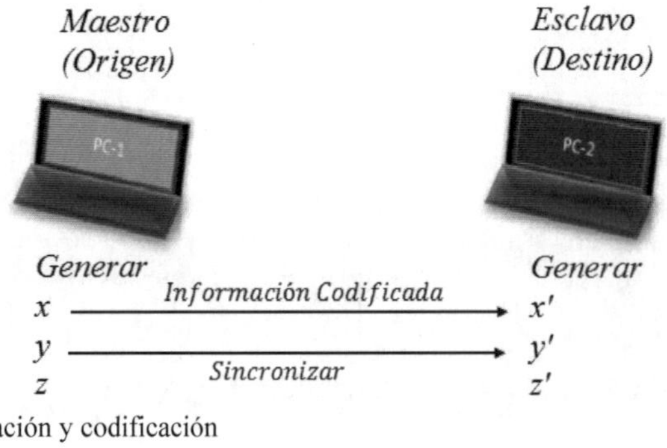

Fig. 2. Sincronización y codificación

3 Metodología

Hoy en día el uso del Internet por los usuarios de dispositivos móviles se esta incrementando considerablemente, lo cual ocasiona que deseen almacenar su información en equipos remotos que les permitan acceder a ella desde cualquier lugar, por lo tanto es indispensable garantizar la seguridad de la información. Muchos de los usuarios utilizan la nube para almacenar sus archivos, pero esto ocasiona que dejen de tener el control sobre ellos, por lo que nunca se sabe quien pueda accesar, siendo un riesgo para usuarios particulares pero aún más para las empresas [17]. La sincronización de sistemas caóticos es una excelente técnica para transmitir y codificar información, la cual se ha utilizado en comunicaciones punto a punto, por tal razón en esta investigación se propone la implementación de un sistema de comunicaciones punto a multi-punto que permita a los usuarios acceder a sus archivos (audio, video, imagen, texto, etc.) desde cualquier lugar pero que estos se encuentren almacenados y codificados en diferentes puntos (servidores, teléfonos, cloud, etc.), de tal forma que sólo los usuarios con las claves autorizadas puedan reensamblar y decodificar los archivos de forma correcta para poder tener acceso a ellos. Se propone que el sistema sea de clave simétrica, implemente sincronización caótica y además utilice las técnicas de confusión y difusión para que sea más robusto. El proceso de codificación y almacenamiento propuesto se muestra en la Fig. 3.

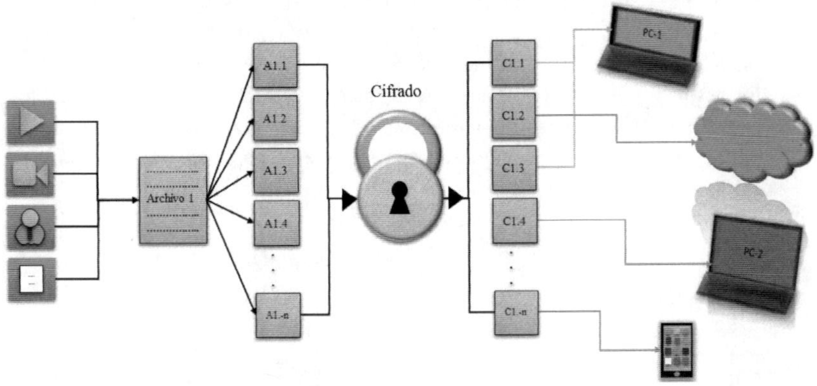

Fig. 3. Esquema de codificación y transmisión punto a multi-punto

3.1 Desarrollo del sistema

Se implementará el Oscilador de Rössler para generar las orbitas caóticas, que serán utilizadas por el algoritmo para cifrar y descifrar. Dado que el Oscilador esta compuesto por un sistema de ecuaciones diferenciales ordinarias no lineales, es necesario implementlar un método matemático para solucionarlo, por lo tanto se empleará el Runge Kutta de cuarto orden que se muestra en la Ecuación (4), el cuál proporciona un algoritmo de uso extendido, y es reconocido como una valiosa herramienta de cálculo, por la precisión que produce [18].

$$
\begin{aligned}
k_1 &= hf(t_i, y_i) \\
k_2 &= hf\left(t_i + \frac{h}{2}, y_i + \frac{1}{2}k_1\right) \\
k_3 &= hf\left(t_i + \frac{h}{2}, y_i + \frac{1}{2}k_2\right) \\
k_4 &= hf(t_i + h, y_i + k_3) \\
y_{i+1} &= y_i + \frac{1}{6}(k_1 + 2k_2 + 2k_3 + k_4)
\end{aligned}
\tag{4}
$$

El método que se presenta en la Ecuación (4), se desarrollará para i desde 0 hasta $N-1$, así mismo la malla de paso h se determinará por los límites que se establezcan en el sistema y el número de iteraciones que se requieran $(h = \frac{a-b}{N})$.

El proceso de la Ecuación (4) deberá repetirse para cada ecuación del sistema Rössler maestro-esclavo, es decir por cada iteración que se genere, se resolverá el sistema caótico usando el método de Runge Kutta. Enseguida se explican los pasos para codificar y transmitir la información a los dispositivos destinos:

1. El sistema maestro Ecuaciones (2) se resuelve hasta alcanzar la sincronización completa.
2. Enseguida se codifica y particiona el archivo en el dispositivo origen.
3. Se establece una comunicación entre el origen y los destinos (punto multi-punto) implementando sockets, los cuales permitirán la comunicación entre los dispositivos através de un determinado puerto. Los sockets utilizan los protocolos TCP (Transfer Contol Protocol) y UDP (User Datagram Protocol) para establecer la conexión y asegurar el envío de paquetes a través de la red [19].
4. Se transmite la información codificada al destino.

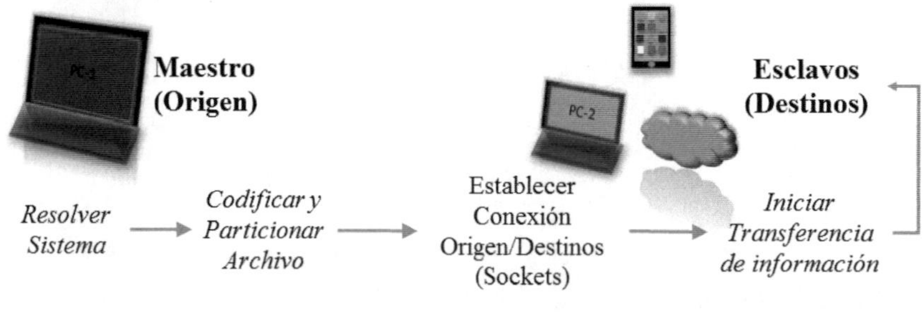

Fig. 4. Procedimiento para codificar y transmitir información

Para la programación del sistema se utiliza un lenguaje compilado e interpretado, orientado a objetos de propósito general llamado Java [20], el cual proporciona una clase Socket (java.net) para implementar la comunicación con sockets de forma bidireccional entre los dispositivos de la red.

4 Resultados preliminares

El sistema de comunicación punto a multi-punto, propuesto en esta investigación actualmente se encuentra en la parte del desarrollo del sistema, además se determinaron las herramientas que se van a utilizar. Conjuntamente se revisaron investigaciones para determinar las mejoras de nuestra propuesta en comparación con otros trabajos previos, por lo que se pudo determinar, que el sistema realizará la transmisión de información segura desde un origen a varios destinos, a diferencia del trabajo elaborado por Jiménez et al. en el que solo codifica y transmite de un punto a otro [16]. Además, este trabajo segmentará, mezclará las órbitas y modificará continuamente los parámetros utilizados para codificar, con lo cual elimina la vulnerabilidad mencionada en el trabajo desarrollado por Zanin et al., donde detectaron que los parámetros empleados como clave en los sistemas que implementan sincronización pueden ser revelados [12].

Adicionalmente se estudiaron las aportaciones realizadas por Chong et al. [21] y Hossam et al. [22], donde se determinó que solo codifican imágenes a diferencia del que se propone en esta investigación que fue diseñado para cifrar cualquier tipo de información.

5 Conclusiones

El sistema para codificar que se propone en esta investigación aplicará las técnicas básicas de confusión y difusión de manera que el criptograma creado por medio de la sincronización caótica con variación de parámetros, permitirá que la información codificada se muestre de manera aleatoria o a simple vista parezca errónea. Además, si un atacante desea recolectar los datos será muy complicado, debido a la manera como se segmentarán, cifrarán y almacenarán los archivos en diferentes dispositivos; es decir sólo los usuarios autorizados que cuenten con las claves de acceso podrán reintegrar, reordenar y descifrar toda la información desde algún equipo en el que se realice la solicitud.

La sincronización caótica en un esquema de comunicación punto a multi-punto se podrá implementar en investigaciones futuras asociadas a la vida cotidiana. Es decir, permitirá que el sistema se adapte a: esquemas de transmisión de información segura, alarmas, encendido remoto de dispositivos, o cualquier otra aplicación que necesite resguardar datos para protegerlos de ataques.

Una vez terminado el sistema se compararán los resultados utilizando un diagrama de correlación, para medir la intensidad de la asociación entre el archivo cifrado y el descifrado, y de esta manera determinar si existen pérdidas de la información o se mantiene su integridad. También se graficará la distancia hamming comparando las diferencias entre el archivo en el dispositivo origen antes de ser transmitido y el generado después de transmitir y decodificar, para verificar si existen diferencias o pérdida de información.

Referencias

1. González M.: ¿Cuál es la amenaza real del Ciberactivismo (o Ciberterrorismo)? (tesis de postgrado). Universidad Internacional de la Rioja, Logroño España (2012) 3-4
2. Carlos Castillo, Diwakar Dinkar, Paula Greve, Suriya Natarajan, François Paget, Eric Peterson, Arun Pradeep, Avelino Rico, Craig Schmugar, Rakesh Sharma, Rick Simon, Dan

Sommer, Bing Sun&Chong Xu: Informe de McAfee Labs sobre Amenazas Noviembre del 2015, McAfee. Part of Intel Security. Madrid España (2015) 8-34

3. Hilborn R.: Chaos and Nonlinear Dynamics: An Introduction for Scientists and Engineers. (eds.): Oxford University Press, ISBN0198507232, 9780198507239 (2000)
4. Aiping J., Bingliang Z. & Can He: Image Encryption Algorithm Base on Contourlet and Chua´s circuit. International Journal of Digital Content Technology & its Applic, Vol. 6 Issue 15 (2012) 120
5. Ashwini S., Dashore K., Majgaonkar S & Fokane S.: Digital Image Encryption System Base on Multi-Dimensional Chaotic System and Pixels Location. International Journal of Emering Trends &Technology in Computer Science, Vol. 2 Issue 2. ISSN 2278-6856 (2013)
6. Rajan-Bose, Saumitr-Pathak: A novel compressión and encryption scheme using variable model arithmetic coding and coupled chaotic system. IEEE Transactions on circuits and system- I, Vol. 53, Num. 4 (2006)
7. Pareek-N.K., Patidar-Vinod, Sud-K.K.: Cryptography using multiple one-dimensional chaotic maps. Communications in Nonlinear Science and Numerical Simulation (2005) 715-723
8. A. N. Pisarchik, N.J. Flores-Carmona: Computer algorithms for direct encryption and decryption of digital images for secure communication. Proceedings of the 6th WSEAS International Conference on Applied Computer Science, Tenerife, Canary Islands. Spain (2006) 29-34
9. Luis M. Pecora and Thomas L. Carroll: Synchronization in Chaotic Systems. Physical Review Letters (1989) 821-824
10. Pérez G. y Cerdeira H.A.: Extacting messages masked by chaos. Phys. Rev. Lett. 74 (1995) 1970-1973
11. Kocarev, L., Halle, K.S., Eckert, K., Chua, L.O., & Parlitz, U.: Synchronization in chaotic systems. International Journal of Bifurcation and Chaos, 2 (3) (1992) 709–713
12. Zanin, M., Sevilla, R., Jaimes, R., García J.H., & Pisarchik, A.N: Synchronization attack of chaotic communication systems. Discontinuity, Nonlinearity and Complexity, 2 (4) (2013) 333–343
13. A. N. Pisarchik, Jiménez M., Jaimes R.: How to Resist Synchronization Attacks. Discontinuity, Nonlinearity and Complexity, L. H. Scientific Publishing, 4(1) (2015) 1-9
14. Hainz G. Schuster: Handbook of chaos control (1999) 229-293
15. Rössler, O.E.: An Equation for Continuous Chaos. Physics Letters, Vol. 57A, Num. 5 (1976) 397-398
16. Jiménez M., Jaimes R., Pisarchik A.: Secure Communication Based on Chaotic Cipher and Chaos Synchronization. Discontinuity, Nonlinearity and Complexity, 1(1) (2012) 57-68
17. Gómez F.: Metodología para implementar en la nube aplicaciones web basadas en java (tesis de pregrado). Escola Técnica Superior d'Enginyenia Informatica Universitat Politècnica de València (2013) 4-14
18. Burden R.L. y Faires J.D.: Numerical Analysis. Ninth Edition. (eds.) Brooks/Cole, Cengage Learning. ISBN 978-0-538-73351-9 (2011) 282-293
19. Martínez-Barco P., Saínz M., y Clave J.: Sistemas Informáticos Distribuidos. (eds.) Club Universitario, ISBN 978-84-95015-53-2 (1999) 65-69
20. Belmonte O.: Introducción al lenguaje de programación Java: una guía básica, Aprende Java. Escuela Superior de Ingenieros Industriales Eskola. Universidad de Navarra (2005) 3-6
21. Chong F., Bin-Bin L., Yu-Sheng M., Liu X. y Jun-Jie C.: A novel chaos-based bit-level permutation scheme for digital imagen encryption. Optics Communication, Vol. 284 Issues 23 (2011) 5415-5423
22. Hossam A., Kalash H., Farag O.: An efficient chaos-based feedback stream cipher (ECB FSC) for image encryption and decryption. Informática 31 (2007) 121-129

Gestión de materiales experimentales y su uso en replicaciones de experimentos: un mapeo sistemático de la literatura

Edison Espinosa[1], y Juan Marcelo Ferreira[2]

[1] Universidad de las Fuerzas Armadas ESPE,
Av. General Rumiñahui s/ n, Sangolqui Ecuador
egespinosa1@espe.edu.ec
http://www.espe.edu.ec
[2] Facultad Politécnica, Universidad Nacional de Asunción
Campus Universitario, San Lorenzo, Paraguay
jmferreira1978@gmail.com
http://www.pol.una.py

Resumen. La Ingeniería de Software Experimental (ISE) aplica la experimentación para obtener conocimiento sobre productos, métodos, técnicas usados en el proceso de desarrollo software. Para validar el conocimiento es necesario repetir el experimento original tantas veces como sea necesario. Se requieren mucha información y materiales acerca del experimento para que un experimentador realice una replicación. Previa a la ejecución de la replicación del experimento, algunos o la totalidad de los materiales pueden requerir cambios produciendo nuevas o modificadas versiones de estos. Una vez ejecutada la replicación del experimento se espera que, parte o la totalidad de los materiales, se incorporen al material del experimento original. El incremento en el número de replicaciones del experimento original está directamente relacionado con el incremento de las versiones del material experimental, ocasionando comúnmente confusión y desorden en su organización. En este trabajo, realizamos un mapeo sistemático de la literatura (MSL) para localizar trabajos sobre Gestión de Materiales Experimentales y su Uso en Replicaciones en Ingeniería de Software Experimental. Los resultados encontrados reflejan la escasa existencia de artículos sobre esta temática. Además, el análisis de los estudios encontrados ha descubierto que dichos artículos, en su mayoría, adolecen de problemas en la gestión de versiones de materiales experimentales para poder llevar a cabo un proceso de replicación. Estos datos proporcionan información de interés para iniciar la investigación de la adopción del paradigma de gestión de configuración de software en la gestión del material experimental en ISE.

1 Introducción

En la Ingeniería del Software (IS) se han realizado centenares de experimentos que abarcan virtualmente todas las áreas [1] y este número no cesa de incrementarse [2,3]. La experimentación en IS es compleja, pero necesaria y requiere mecanismos para sustentar y motivar los estudios e integrar resultados; lo que a su vez, necesita de una comunidad de experimentadores que se centre en replicar estudios [4]. La replicación se utiliza para validar los resultados empíricos publicados por investigadores en IS [5,6]. Se requieren mucha información y materiales acerca del experimento para que un experimentador realice una replicación [7]. Previa a la ejecución de la replicación del experimento, algunos o la totalidad de los materiales pueden requerir cambios produciendo nuevas o modificadas versiones de estos. Una vez ejecutada la replicación del experimento se espera que parte o la totalidad de los materiales se incorporen al material del experimento original. El incremento en el número de replicaciones del experimento original está directamente relacionado con el incremento de versiones del material experimental, ocasionando comúnmente confusión y desorden en su organización donde el problema de disponer múltiples versiones de los materiales experimentales y las replicaciones de un experimento se vuelve más compleja [8]. La gestión de los materiales experimentales es una cuestión abierta en ISE y de importancia notoria según han manifestado diversos autores [9, 10, 11, 12]. La literatura permite identificar la evolución de los instrumentos que se emplearon en la transmisión de información para realizar replicaciones de experimentos. Así, en el inicio se han utilizado los reportes de los experimentos para realizar las replicaciones, posteriormente, se desarrollaron paquetes de replicación y actualmente se proporcionan entornos de apoyo a la experimentación, que pueden ir desde un simple repositorio de material de experimentos hasta el uso de herramientas en las actividades del proceso experimental [13]. En este trabajo se presenta un MSL que se ha llevado a cabo para localizar artículos en los que se evidencie la gestión del material experimental y su uso en replicación de experimentos en ISE.

El artículo está estructurado de la siguiente manera. En la sección 2 se describen los antecedentes. En la sección 3 se describen la pregunta de investigación y la metodología. En la sección 4 se detalla el proceso de planificación y ejecución de las iteraciones. Los resultados son detallados en la sección 5. En la sección 6 se discuten aspectos relevantes de los artículos localizados y seleccionados. Las situaciones que amenazan la validez de esta investigación son presentadas en la sección 7. Finalmente, en las secciones 8 y 9 se dan las conclusiones y líneas futuras de la investigación.

2 Antecedentes

Para incentivar los procesos de experimentación y replicación en ingeniería del software, algunos investigadores propusieron y desarrollaron instrumentos para transferir información, como publicaciones, paquetes de replicación y repositorios de experimentos [12]. En el inicio, las publicaciones del experimento resultaban en un documento que se transfería para replicar el experimento [14]. Posteriormente, investigadores como Lott [15], Basili y colegas [16] entre otros propusieron y desarrollaron paquetes estáticos de replicación que contienen algunos documentos (materiales, objetos, instrumentos, formularios, instrumentos, especificaciones entre otros) que son necesarios para replicar un experimento. Finalmente, algunos trabajos de investigación proporcionan infraestructuras tecnológicas para almacenamiento de instrumentos en diferentes medios, que son usados para transferir información. Ellos pueden ir desde un repositorio de material experimental hasta la definición e implementación de herramientas para soportar las actividades del proceso experimental. Además, ha habido intentos para almacenar resultados (grupo de experimentos, casos de estudio y experimentos individuales) en lo que podría llamarse como bases de experiencia CEBASE [17], Visek [18], Giants [19] and SIR [10]. Los materiales experimentales en ISE podrían ser considerados como un conjunto común de productos: interrelacionados, reutilizables, almacenados en repositorios y que se usan para realizar futuros procesos de experimentación y replicación. Estos productos evolucionan en el tiempo debido: al cambio de contexto, por defectos encontrados en el material, la evolución de la investigación entre otros, que genera nuevas o modificadas versiones del material experimental. Los materiales experimentales y sus diferentes versiones se constituyen en el medio de comunicación entre los diferentes experimentadores. En este contexto proponemos llevar a cabo un MSL que permita localizar trabajos en los que se evidencie la gestión de materiales experimentales y su uso en replicaciones de experimentos [32].

3 Pregunta de Investigación y Metodología

Dirigimos el alcance de esta investigación sobre artículos relacionados a la gestión de materiales experimentales y su uso en replicaciones hasta julio de 2014. La pregunta de investigación que planteamos es:

RQ1: ¿Qué investigaciones existen sobre gestión de materiales experimentales para la realización de replicaciones?

La RQ1 que nos planteamos en esta investigación busca localizar los artículos donde se identifique indicios de la gestión en el material experimental. Hemos realizado un MSL (*Systematic Mapping Study*, SMS en inglés) con dos iteraciones. Para cada iteración se desarrollaron las actividades de planificación y ejecución para identificar la cantidad, tipo de publicaciones y los reportes técnicos disponibles sobre esta temática. Según Petersen [20], los pasos para llevar a cabo un mapeo sistemático son: la definición de la pregunta de investigación, la búsqueda de artículos relacionados, el análisis de resultados, la selección de artículos, el *keywording* del resumen y la extracción y mapeo de los datos. En cada uno de estos pasos se producen ciertos resultados y al final del proceso se tiene el mapa de los artículos relacionados sobre la temática. Además, la ejecución de estos pasos requiere el uso de recursos humanos, materiales, técnicos etc. Los recursos utilizados para la búsqueda de artículos incluyen un conjunto de reglas, actividades, elementos e instrumentos, que formalizan y dan soporte a las actividades de:

1. Selección de fuentes de artículos
2. Definición de la cadena de búsqueda
3. Definición de los criterios de inclusión y exclusión
4. Preselección de artículos

5. Selección de artículos
6. Extracción de datos de los artículos

Para la **selección de fuentes de artículos** establecemos un conjunto de reglas para garantizar la calidad y cantidad de los artículos. Las reglas que consideramos son: 1) definición de criterios de selección de fuentes, 2) idioma, 3) aplicaciones Web de búsqueda y, 4) motores de búsqueda. En la actividad de **definición de cadenas de búsqueda** se estructuraran las cadenas de búsqueda utilizadas para responder a la pregunta de investigación. Como lo propone Beecham [21], la cadena de búsqueda se construye a partir de la pregunta de investigación planteada con la estrategia PICOC y para refinar la pregunta de investigación se aplica las estrategia propuesta por Petticrew & Roberts [22]. Para la **definición de los criterios de inclusión y exclusión** se establecen previamente un conjunto de criterios utilizados durante la actividad de ejecución de la búsqueda para la preselección y selección de artículos. En la actividad de **preselección de artículos** se procede a la lectura de algunas secciones del artículo a fin de identificar en el texto términos utilizados en la cadena de búsqueda. En la actividad de **selección de artículos** se hace una lectura completa del artículo, donde se busca evidenciar la aplicación de los términos de la cadena de búsqueda en el artículo. Para la **extracción de datos de los artículos** se crea un instrumento para recolectar los datos de los artículos relacionados con la temática.

4 Planificación y Ejecución de las Iteraciones

Hemos realizado el mapeo sistemático de la literatura para la localización de artículos en dos iteraciones. En cada iteración se realizan tareas de planificación y ejecución descritas a continuación.

4.1 Iteración I

En la planificación se formaliza el soporte a las actividades de organizar, ejecutar y entregar resultados de la búsqueda de artículos y en la ejecución se realizan las actividades de buscar, preseleccionar y seleccionar los artículos sobre la temática.

Planificación En esta primera iteración la **selección de fuentes de artículos** se basa en las siguientes reglas: 1) definición de criterios de selección de fuentes: artículos procedentes de fuentes fiables como conferencias internacionales, revistas, capítulos de libros, artículos de revistas científicas disponibles en la web, 2) idioma: se buscan artículos escritos en inglés, 3) aplicaciones web de búsqueda: mediante sistemas que incorporen motores de búsqueda especializados y, 4) los motores de búsqueda son Scopus e IEEE. En la actividad de **definición de las cadenas de búsqueda** se estructuran las cadenas de búsqueda utilizadas para responder a la pregunta de investigación. Siguiendo la propuesta de Beecham [21], la cadena de búsqueda se construye a partir de la pregunta de investigación planteada con la estrategia PICOC:

Population, Intervention, Comparison, Output, Context. Para responder a la pregunta de investigación planteada la estrategia PICOC tiene la siguiente composición:

- Población: Experimentación en Ingeniería del software
- Intervención: Material Experimental
- Comparación: No aplicable
- Salida: No aplicable
- Contexto: Gestión del Material Experimental para uso en replicación de Experimentos.

Hemos procedido con la definición de la estructura de la cadena identificando los términos para la población, intervención y el contexto. Usamos el término *Experimentation* para la población junto con los sinónimos de la cadena propuesto por Dieste [23]. Para la intervención se incluyen diversos términos utilizados para referirse al material en la ejecución de experimentos como: *material* en [24, 25, 26], *objects* en [27, 10], *artifacts* en [11, 28, 29, 4], *instruments* en [30], *components* en [31] y *laboratory package* en [4]. Para finalizar, en el contexto incluimos el término *sharing* considerando que el proceso experimental es un marco de trabajo en el que se comparten información, conocimiento y materiales entre experimentadores que buscan minimizar costos y maximizar la producción de conocimiento científico. En la Tabla 1 se muestra la lista de sinónimos relacionados con los términos de la pregunta de investigación.

Para construir la cadena primero creamos tres subcadenas de búsqueda mediante el operador OR. Las tres subcadenas son:

- Población = *Experiment* OR *Empirical* OR *Empirical study* OR *Empirical evaluation* OR *Experimentation* OR *Experimental comparison* OR *Experimental analysis* OR *Experimental evidence* OR *Experimental setting* OR *Empirical data*
- Intervención = *Material* OR *Objects* OR *Artifact* OR *Instruments* OR *Components* OR *Laboratory package*
- Contexto = *Management* OR *Sharing*

Tabla 1. Sinónimos y términos relacionados de búsqueda de artículos PICOC Iteración I

PICOC	Término	Sinónimo/Término relacionado
Población	*Experimentation*	*Experiment, Empirical, Empirical study, Empirical evaluation, Experimentation, Experimental comparison, Experimental analysis, Experimental evidence, Experimental setting, Empirical data*
Intervención	*Experimental Material*	*Material, Objects, Artifact, Instruments, Components, Laboratory package*
Contexto	*Management*	*Management, Sharing*

Finalmente, las subcadenas (población, Intervención, Contexto) se unen con el operador AND. La cadena de búsqueda resultante es:

SRCHManagement= *(Experiment OR Empirical OR Empirical study OR Empirical evaluation OR Experimentation OR Experimental comparison OR Experimental analysis OR Experimental evidence OR Experimental setting OR Empirical data) AND (Material OR Objects OR Artifact OR Instruments OR Components OR Laboratory package) AND (Management OR Sharing).*

Para la definición de los **criterios de inclusión y exclusión de artículos** se utiliza la pregunta de investigación planteada. Estos criterios son utilizados durante la actividad de ejecución de la búsqueda para la preselección y selección de artículos. En la actividad de **preselección de artículos**, los criterios de inclusión permiten incorporar artículos en los que se evidencie el uso de términos de la cadena de búsqueda en las secciones: título del trabajo, resumen y palabras claves. Además, los criterios de exclusión permiten descartar los artículos en los que se utilizan los términos de la cadena de búsqueda pero que no describan en su contenido actividades de gestión sobre materiales experimentales. Para aquellos casos en los que el resumen no proporcione la información necesaria para determinar su preselección se procederá a leer la sección de introducción. Esta actividad genera una lista que contiene los estudios primarios de la búsqueda. Durante la actividad de **selección de artículos** se toman los criterios de inclusión para incorporar los artículos en los que se evidencie actividades de gestión de configuración sobre al menos un material experimental. Además, se aplican los criterios de exclusión para descartar los artículos en los que no se detallen actividades de gestión sobre al menos un material experimental. Para ello se realiza una lectura completa del artículo, buscando evidenciar la aplicación de actividades de la gestión de configuración sobre los materiales experimentales. Esta actividad genera una lista que contiene los estudios seleccionados.

En la actividad de **extracción de datos** se identifican informaciones básicas de los artículos seleccionados. Para soportar esta actividad hemos creado el instrumento para registrar la información sobre: autores, el título del artículo, la fuente y el año de publicación y también los materiales experimentales sobre los que se realizaron las tareas de gestión. La Tabla 2 muestra el instrumento desarrollado.

Tabla 2. Instrumento para la extracción de datos de artículos seleccionados

Autores
Título del Artículo
Fuente de Publicación
Año de Publicación
Materiales Experimentales Identificados

En la Tabla 3 se resumen las actividades con los recursos a ser utilizados para la ejecución de actividades durante la búsqueda de artículos relacionados.

Tabla 3. Actividades y recursos de la planificación Iteración

#	Actividades	Recursos
1	Selección de Fuentes de Artículos	Fuentes: Revistas, capítulos de libros, artículos de revistas. Idioma: Inglés. Aplicaciones Web: Motores de búsqueda especializados. Motores de Búsqueda: Scopus, IEEE
2	Pregunta de Investigación	RQ1: ¿Qué investigaciones existen sobre gestión de materiales experimentales para la realización de replicaciones?
3	Preselección de Artículos	Criterios de inclusión: evidencia del uso de los términos de la cadena de búsqueda en el contenido del artículo. Criterio de exclusión: no se evidencia el uso de los términos de la cadena de búsqueda en el contenido del artículo.
4	Selección de Artículos	Criterios de inclusión: evidencia de la aplicación de actividades de gestión sobre los materiales experimentales. Criterios de exclusión: no evidencia de la aplicación de actividades de gestión en al menos un material experimental
5	Definición de la cadena de búsqueda	SRCHManagement= (*Experiment* OR *Empirical* OR *Empirical study* OR *Empirical evaluation* OR *Experimentation* OR *Experimental comparison* OR *Experimental analysis* OR *Experimental evidence* OR *Experimental setting* OR *Empirical data*) AND (*Material* OR *Objects* OR *Artifact* OR *Instruments* OR *Components* OR *Laboratory package*) AND (*Management* OR *Sharing*).
6	Extracción de Datos	Instrumento de extracción de datos

Ejecución En esta sección se describe la realización de las actividades planificadas previamente para localizar artículos sobre la temática. La ejecución comienza con el acceso a las bases digitales de Scopus e IEEE, seguidamente se selecciona la opción búsqueda avanzada en cada uno de los motores de búsqueda y a continuación se ingresa la cadena especificada en la definición de la cadena de búsqueda. Con la cadena de búsqueda *SCRHManagement* se ha localizado un total de 40 artículos en Scopus y 31 en IEEE. Luego de aplicar los criterios de inclusión y exclusión especificados para la preselección de artículos, han quedado 3 artículos de Scopus y 1 de IEEE. Estos resultados se visualizan en la Tabla 4.

En términos de la precisión de la búsqueda, determinado por la relación entre el número de artículos preseleccionados y localizados, el 7,5 % corresponde a Scopus, mientras que 3,22 % para IEEE.

Finalmente, luego del proceso de selección, tres artículos fueron excluidos de los cuatro preseleccionados por no cumplir alguno de los criterios establecidos.

Tabla 4. Artículos localizados, preseleccionados y precisión de la cadena SCRHManagement

Cadena de búsqueda	Motor	Artículos Localizados	Artículos Preseleccionados	Precisión
SCRHManagement	Scopus	40	3 [STW+05], [SMB+04], [FPCM98+05]	7,5%
	IEEE	31	1 [VZJ03]	3,22%
Total		71	4	

En la Tabla 5 se detalla la justificación de la exclusión. En general los artículos excluidos no evidencian en su contenido la aplicación de actividades de gestión sobre materiales experimentales.

Tabla 5. Detalle de artículos incluidos y excluidos en la Iteración I

#	Artículos Preseleccionados	Excluido	Justificación
1	[STW+ 05]	SI	El estudio aborda la problemática, de la gestión de materiales de enseñanza.
2	[SMB+ 04]	NO	
3	[FPCM98]	SI	El trabajo implementa un prototipo sobre prácticas de gestión de requisitos.
4	[VZJ03]	SI	La investigación aborda la problemática de la clasificación, almacenamiento y recuperación de componentes de negocio que se utilizan en el ensamblaje de aplicaciones software.

En la Fig. 1 se muestra el total de artículos localizados en las bibliotecas digitales en las actividades realizadas de preselección y selección. Nótese que solo un artículo ha sido seleccionado conforme a los criterios establecidos.

Durante la actividad de extracción de datos se ha usado el instrumento definido en la planificación. La Tabla 6 muestra los datos del artículo [SMB+ 04] finalmente seleccionado.

4.2 Iteración II

Como en la Iteración I, siguiendo el proceso riguroso hemos obtenido resultados muy limitados, apenas un estudio seleccionado, consideramos necesaria una segunda iteración donde replanteamos y realizamos ajustes en la planificación y ejecución. Por un lado, necesitamos aumentar la precisión de la cadena de búsqueda de la iteración I. Recuerde que la precisión es la relación entre los artículos preseleccionados y el total de artículos localizados en los motores de búsqueda. Por otro lado, debemos mejorar la cantidad de artículos encontrados sobre la temática. Para mejorar la precisión y la cantidad de artículos en esta iteración, hemos introducido variantes en la planificación, que se detallan a continuación.

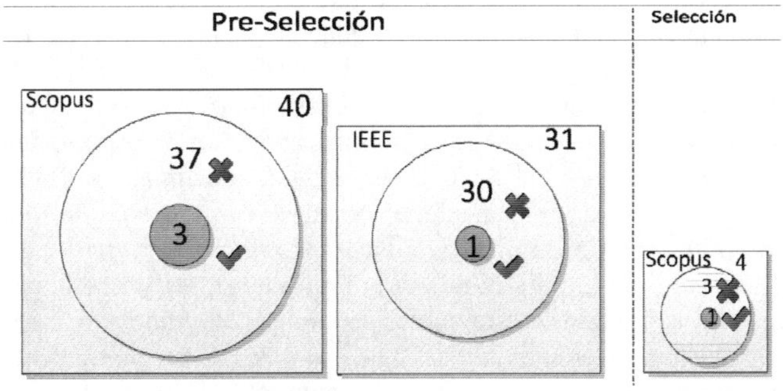

Fig. 1. Artículos preseleccionados y seleccionados

Tabla 6. Datos del Estudio Seleccionado en la Iteración I

Autores	Shull F., Mendonca M.G., Basili V., Carver J., Maldonado J.C., Fabbri S., Travassos G.H., Ferreira M.C
Título del Artículo	Knowledge-Sharing Issues in Experimental Software Engineering
Fuente de Publicación	Journal Of Information Science and Engineering
Año de Publicación	2004
Materiales Experimentales Identificados	Paquete de Laboratorio (Artefacto)

Planificación En esta actividad consideramos importante mantener invariantes algunas reglas, elementos y actividades de la Iteración I. En este sentido, se va a mantener la pregunta de investigación, los criterios de inclusión y exclusión para las actividades de preselección y selección de artículos. Por otro lado hemos extendido los motores de búsqueda agregando a Scopus e IEEE los motores ACM y SpringerLink. Además, en esta iteración hemos incorporado un segundo contexto, con el fin de incrementar la cantidad de artículos. Denominamos Contexto1 a la referida en la Iteracion I y Contexto2 a la Iteración II. Los valores de la estrategia PICOC para esta nueva iteración tiene la siguiente composición.

- Población: Experimentación en Ingeniería del software
- Intervención: Material Experimental

- Comparación: No aplicable
- Salida: No aplicable
- Contexto1: Gestión del material experimental para uso en replicación de experimentos.
- Contexto2: Soporte al proceso de replicación de experimentos empleando gestión de materiales experimentales

La incorporación del Contexto2 ha producido dos cambios en la cadena de búsqueda. El primer cambio realizado es la modificación parcial de los términos (MPT), en la que únicamente se mantienen cuatro sinónimos de población, tres de intervención y adicionalmente se incorporan los sinónimos de soporte del Contexto2. El segundo cambio consiste en la modificación total de términos (MTT) donde en el campo población se usa únicamente el término *Experimentation*, en el campo intervención utilizamos la expresión *Software Engineering* y para el contexto se emplea un conjunto de expresiones sobre *Support* para el proceso de replicación experimental. En la Tabla 7 se detallan los sinónimos y términos relacionados para la MPT y MTT. Como veremos en la ejecución, la estrategia MTT surge como consecuencia de que los resultados obtenidos con la MPT no mejoran la precisión ni la cantidad de artículos localizados.

Para construir la cadena de búsqueda MPT relacionamos los términos utilizando el operador OR y obtenemos las siguientes subcadenas:

- Población = *Experimentation* OR *Experiment* OR *Empirical* OR *Experimental*
- Intervención = *Material* OR *Objects* OR *Artifact*
- Contexto1 = *Management* OR *Sharing*
- Contexto2.1 = *Replication Support*
- Contexto2.2 = *Package* OR *Lab Package* OR *Laboratory Package* OR *Replication Package*
- Contexto2.3 = *Replication Infrastructure*
- Contexto2.4 = *Replication Repository*

Estas subcadenas se unen con el operador AND resultando las cadenas de búsqueda MPT construidas de la siguiente manera:

1. SRCHManagement = Población AND Intervención AND Contexto1
2. SRCHSupportMan1 = Población AND Intervención AND Contexto2.1
3. SRCHSupportMan2 = Población AND Intervención AND Contexto2.2
4. SRCHSupportMan3 = Población AND Intervención AND Contexto2.3
5. SRCHSupportMan4 = Población AND Intervención AND Contexto2.4

De manera análoga a la MPT, para la MTT, relacionamos los términos con el operador OR para crear subcadenas de búsqueda, las cuales se muestran a continuación:

- Población = *Experimentation*
- Intervención = *Software Engineering*

- •Contexto1.1 = (*Experimental Material, Experimental Material Replication, Experimental Artifacts, Experimental Object, Experiment Material*)1.1
- •Contexto1.2 = (*Experimental Package, Lab Package, Laboratory Package, Replication Package*)1.2
- •Contexto1.3 = (*Infrastructure, Replication Infrastructure, Experimental Infrastructure*)1.3
- •Contexto1.4 = (*Repository, Replication Repository, Experimental Repository, Experiment Repository*)1.4
- •Contexto1.5 = (*Replication Support*)1.5
- •Contexto1.6 = (*Replication Management, Experimental Management, Experimental Material Management, Experimental Material Sharing*)1.6

Tabla 7. MPT y MTT para la búsqueda de artículos PICOC

	PICOC	Término	Sinónimo / Término Relacionado /Expresión
MPT	Población	*Experimentation*	*Experimentation* *Experiment* *Experimental* *Empirical*
	Intervención	*Experimental Material*	*Material* *Objects* *Artifact*
	Contexto 1	*Management*	*Management, Sharing*
	Contexto 2	*Support*	(*Replication Support*)2.1 (*Package, Lab Package, Laboratory Package, Replication Package*)2.2 (*Replication Infrastructure*)2.3 *Replication Repository*)2.4
MTT	Población	*Experimentation*	*Experimentation*
	Intervención	*Software engineering*	*Software engineering*
	Contexto 1	*Support*	(*Experimental Material, Experimental Material Replication, Experimental Artifacts, Experimental Object, Experiment Material*)1.1 (*Experimental Package, Lab Package, Laboratory Package, Replication Package*)1.2 (*Infrastructure, Replication Infrastructure, Experimental Infrastructure*)1.3 (*Repository, Replication Repository, Experimental Repository, Experiment Repository*)1.4 (*Replication Support*)1.5 (*Replication Management, Experimental*

PICOC	Término	Sinónimo / Término Relacionado /Expresión
		Management, Experimental Material Management, Experimental Material Sharing)1.6

Finalmente, las subcadenas se unen con el operador AND. Las cadenas de búsqueda MTT construidas SRCHSupport1, SRCHSupport2 SRCHSupport3, SRCHSupport4, SRCHSupport5, SRCHSupport6 se obtienen mediante la siguiente composicion:

SRCHSupportj= Poblacion AND Intervención AND Contextoi,j, donde i=1 y j=[1..6]

Ejecución La actividad de búsqueda de estudios primarios comienza con el uso de la cadena de búsqueda con MPT en las bases digitales de Scopus, IEEE, ACM y SpringerLink. Luego en cada uno de los motores de búsqueda se selecciona la opción búsqueda avanzada y a continuación se ingresa las cadenas de búsqueda: SCRHManagement y SRCHSupportMan(i) con i=[1..4]. La cadena de búsqueda SCRHManagement ha localizado un total de 33 artículos en Scopus, 44 en IEEE, 299 en ACM y 21 en SpringerLink. Los resultados de las demás cadenas de búsqueda se ven en la Tabla 8.

Con los artículos localizados en la búsqueda se aplican los criterios de inclusión/exclusión definidos en la actividad de preselección de artículos explorando el uso de los términos de la cadena de búsqueda en las secciones: título, resumen y palabras claves. En la Tabla 8 se muestran los resultados de la actividad de preselección. El total de artículos localizados en Scopus fue de 57, ACM 393, IEEE 73 y Springer 105. La precisión de la búsqueda de los artículos en la biblioteca digital: Scopus se encuentra en el rango del 0-25 %, IEEE se encuentra en 0 %, ACM se encuentra en el rango de 0-6,25 % mientras que SpringerLink tiene un rango de 0-7,14 %. Para la selección, se lee el artículo completo buscando evidencias de actividades de gestión en los materiales experimentales en el estudio analizado. Para finalizar, en la Fig. 2 se muestra el total de artículos preseleccionados y seleccionados. Nótese que ningún artículo ha sido seleccionado conforme a los criterios establecidos.

Tabla 8. Artículos localizados, preseleccionados y precisión en Scopus, IEEE, ACM y SpringerLink con MPT

Motor	Cadena de Búsqueda	Artículos Localizados	Artículos Preseleccionados	Precisión
Scopus	SCRHManagement	33	3 [BZS+ 07], [TMN+ 99], [BSL99]	9,0 %
	SCRHSupportMan1	4	1 [BSL99]	25,00 %
	SCRHSupportMan2	6	1 [TMN+ 99]	16,66 %
	SCRHSupportMan3	6	0	0,00 %
	SCRHSupportMan4	8	0	0,00 %
	Total	57		
IEEE	SCRHManagement	44	0	0,00 %
	SCRHSupportMan1	2	0	0,00 %
	SCRHSupportMan2	11	0	0,00 %
	SCRHSupportMan3	8	0	0,00 %
	SCRHSupportMan4	8	0	0,00 %
	Total	73		
ACM	SCRHManagement	299	0	0,00 %
	SCRHSupportMan1	10	0	0,00 %
	SCRHSupportMan2	16	1 [MCDdO06]	6,25 %
	SCRHSupportMan3	26	0	0,00 %
	SCRHSupportMan4	42	1 [ABF04]	2,38 %
	Total	393		
SpringerLink	SCRHManagement	21	0	0,00 %
	SCRHSupportMan1	33	1 [BSL00]	3,03 %
	SCRHSupportMan2	24	0	0,00 %
	SCRHSupportMan3	13	0	0,00 %
	SCRHSupportMan4	14	1 [BSL00]	7,14 %
	Total	105		

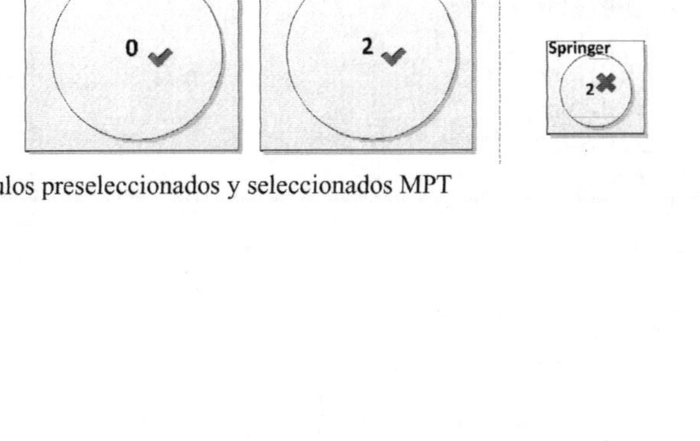

Fig. 2. Artículos preseleccionados y seleccionados MPT

Recuerde que necesitamos mejorar los resultados de la búsqueda y bajo esta premisa la MPT no proporciona progreso alguno. De ahí, decidimos cambiar completamente los términos de búsqueda y surge la estrategia MTT obligando a replantear la cadena de búsqueda en la planificación. Una vez definidos los nuevos términos de búsqueda se procede a la ejecución. Para realizar la búsqueda de estudios primarios utilizando la nueva cadena de búsqueda con MTT accedemos a las bases digitales de Scopus, IEEE, ACM y SpringerLink, seguidamente en cada uno de los motores de búsqueda seleccionamos la opción búsqueda avanzada y a continuación ingresamos las cadenas de búsquedas SCRHSupport(i) con i=[1..6].

Tabla 9. Artículos localizados, preseleccionados y precisión en Scopus, IEEE, ACM y SpringerLink con MTT

Motor	Cadena de Búsqueda	Artículos Localizado	Artículos Preseleccionados	Precisió
	SCRHSupport1	10	0	0.00 %
Scopus	SCRHSupport2	11	3 [MCDdO06], [SCVJ08], [SMB+ 04]	27,27 %
	SCRHSupport3	19	1 [SCVJ08]	5,26 %
	SCRHSupport4	8	0	0,00 %
	SCRHSupport5	72	1 [BSL99]	1,38 %
	SCRHSupport6	0	0	0,00 %
	Total	120		
IEEE	SCRHSupport1	119	4 [MMdO+ 08], [MCDdO06], [BSL99],	0,33 %
	SCRHSupport2	2	1 [SBC+02]	50,00 %
	SCRHSupport3	20	2 [LT09], [TdSNB08]	10,00 %
	SCRHSupport4	33	2 [LT09], [JV09]	6,06 %
	SCRHSupport5	10	2 [BSL99], [MA03]	20,00 %
	SCRHSupport6	76	2 [LT09], [BCL+ 01]	2,63 %
	Total	260		
ACM	SCRHSupport1	263	0	0,00 %
	SCRHSupport2	4	2 [SBC+ 02], [JV09]	50,00 %
	SCRHSupport3	179	1 [ABF04]	0,55 %
	SCRHSupport4	209	0	0,00 %
	SCRHSupport5	7	0	0,00 %
	SCRHSupport6	219	1 [JV09]	0,45 %
	Total	881		
SpringerLink	SCRHSupport1	115	4 [SMB+ 04], [DER05], [BZS+ 07], [BSL00]	0,34 %
	SCRHSupport2	0	0	0,00 %
	SCRHSupport3	0	0	0,00 %
	SCRHSupport4	67	2 [SMB+ 04], [BSL00]	2,98 %
	SCRHSupport5	0	0	0,00 %
	SCRHSupport6	0	0	0,00 %
	Total	182		

En la actividad de preselección de artículos se realiza la revisión de los artículos para buscar el uso de los términos de la cadena de búsqueda en las secciones: título, resumen y palabras claves. En la Tabla 9 se muestran los resultados de la actividad de preselección. El total de artículos localizados en Scopus fue de 120, IEEE 260, ACM 881, y Springer 182.

La precisión de la búsqueda de los artículos en la biblioteca digital: Scopus se encuentra en el rango del 0-27,27 %, IEEE se encuentra en el rango de 0,33-50 %, ACM se encuentra en el rango de 0-50 % mientras que SpringerLink tiene un rango de 0-2,98 %. En la Figura 3 se muestra el total de artículos localizados en las bibliotecas digitales en las actividades de preselección y selección con MTT.

En la selección de artículos se realiza una revisión de los artículos para evidenciar el uso de la gestión en al menos un material experimental. En la Tabla 10 el total de artículos excluidos en esta iteración ha sido 12 de los 16 preseleccionados por no cumplir alguno de los criterios establecidos. En general los artículos excluidos no evidencian en su contenido la aplicación de actividades de gestión sobre materiales experimentales.

Tabla 10. Detalle de artículos incluidos y excluidos en la Iteración II

#	Artículos Preseleccionados	Excluido	Justificación
1	[TdSNB08]	SI	El estudio trata sobre la problemática del soporte al proceso de experimentación en ingeniería del software (ISE).
2	[BCL+ 01]	SI	El trabajo aborda la problemática de mantener una apropiada administración del conocimiento
3	[MMdO+08]	NO	
4	[ABF04]	SI	El trabajo aborda el problema sobre el desarrollo de software de alta calidad con tiempos y costos efectivos.
5	[BSL99]	SI	La problemática que aborda el artículo es la construcción de conocimiento en base a una familia de experimentos relacionados.
6	[TMN+ 99]	SI	El estudio aborda la problemática sobre el soporte al desarrollo del software.
7	[SMB+ 04]	NO	
8	[LT09]	SI	La problemática que aborda el estudio es sobre el manejo del gran volumen de información y el tiempo empleado en la ejecución de experimentos en ISE.
9	[BZS+ 07]	SI	El estudio aborda la problemática para obtener, usar, compartir y comparar datos recolectados de una variedad de fuentes.
10	[SBC+ 02]	NO	
11	[DER05]	NO	
12	[SCVJ08]	SI	El estudio aborda la problemática sobre el rol

#	Artículos Preseleccionados	Excluido	Justificación
			de la replicaciones exactas en la construcción de conocimiento en la comunidad de ingeniería de software.
13	[BSL00]	SI	La problemática que aborda el artículo es la construcción de conocimiento en base a una familia de experimentos relacionados.
14	[MCDdO06]	SI	La problemática que aborda el estudio es la dificultad de definir y correr experimentos controlados en ingeniería del software.
15	[JV09]	SI	La problemática que aborda el trabajo es sobre la obtención de conocimiento a través del uso de los resultados obtenidos de la ejecución de replicaciones no idénticas.
16	[MA03]	SI	El trabajo aborda la problemática para la creación de un modelo exacto de simulación.

La actividad de extracción de datos utiliza el instrumento creado en la actividad de planificación. Así se registra la información básica de los artículos en diferentes campos del instrumento, con excepción del artículo de Shull [SMB+ 04], que fue localizado en la iteración I. Los tres nuevos artículos seleccionados en la iteración II se visualizan en la Tabla 11.

Tabla 11. Datos de los artículos seleccionados en la iteración II

1.	Autores	Mendonca, Manoel G;Maldonado, José Carlos;de Oliveira, Maria Cristina Ferreira; Carver, Jeffrey; Fabbri, CPF;Shull, Forrest; Travassos, Guilherme Horta;Hohn, EN;Basili, Víctor R.
	Título del Artículo	A framework for software engineering experimental replications
	Fuente de Publicación	Engineering of Complex Computer Systems, 2008. ICECCS 2008. 13th IEEE International Conference
	Año de Publicación	2008
	Materiales Experimentales Identificados	Paquete de laboratorio, artefacto
2.	Autores	Do, Hyunsook; Elbaum, Sebastian; Rothermel, Gregg
	Título del Artículo	Supporting controlled experimentation with testing techniques: An infrastructure and its potential impact.
	Fuente de Publicación	Empirical Software Engineering
	Año de Publicación	2005

	Materiales Experimentales Identificados	Artefactos, objetos
3.	Autores	Shull, F.; Basili, V.; Carver, J.; Maldonado, J.C.; Travassos, G.H. Mendonca,M.;Fabbri,S.
	Título del Artículo	Replicating Software Engineering Experiments: Addressing the Tacit Knowledge Problem.
	Fuente de Publicación	ISESE '02: Proceedings of the 2002 International Symposium on Empirical Software Engineering.
	Año de Publicación	2002
	Materiales Experimentales Identificados	Paquete de Laboratorio (Artefactos)

5 Resultados

RQ1: ¿Qué investigaciones existen sobre gestión de materiales experimentales para la realización de replicaciones?

Como se muestra en la Fig. 3 se seleccionaron 4 artículos, donde se evidencia el detalle de actividades de gestión del material experimental. Específicamente, los estudios encontrados fueron: Mendon¸ca [MMdO+ 08], Shull [SMB+ 04, SBC+ 02]. En [MMdO+ 08] y [SMB+ 04, SBC+ 02] los investigadores gestionan paquetes de laboratorio consistente en un contenedor de artefactos. En los estudios analizados, los artefactos son el material experimental. Para finalizar, en Do [DER05] se gestionan artefactos y objetos, siendo éste último el material experimental.

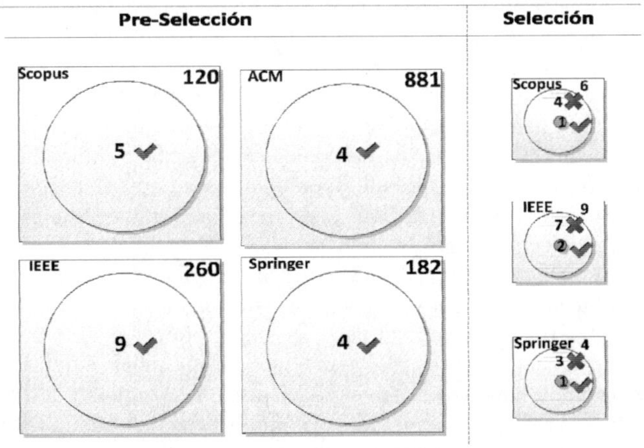

Fig. 3. Artículos preseleccionados y seleccionados con MTT

6 Discusión

Desde el mapeo sistemático de la literatura que hemos llevado a cabo, concluimos que la situación sobre estudios donde se gestionan materiales experimentales para el uso en el proceso de replicaciones en ISE permitió: 1) localizar y analizar pocos artículos, a pesar de que el número de experimentos y replicaciones se han incrementado en las últimas décadas y, 2) eliminar otros trabajos por no cumplir con los criterios de exclusión definidos. Los artículos localizados y analizados fueron cuatro, que son investigaciones de fondo y consolidadas, pues existen varios reportes generados desde algunas décadas atrás y que inclusive se mantienen vigentes. El análisis de estos trabajos nos permitió identificar que todos adolecen de problemas en la gestión de versiones del material experimental, provocadas por el elevado número de replicaciones ejecutadas. En relación al número de trabajos excluidos es alta como se puede ver en las Figs. 1, 2, 3 así como Tablas 8 y 9 esto se debe a dos razones que identificamos. La primera es que en la preselección de artículos se buscó excluir aquellos donde se utilicen los términos de las cadenas de búsqueda pero que su uso no corresponda al contexto de experimentación, específicamente se buscó que gestionen materiales experimentales y no productos del desarrollo del software que fue común encontrar en los que los trabajos que se excluyeron. La segunda razón se relaciona con la actividad de selección que permitió excluir los artículos donde no se evidencia indicios de actividades de gestión sobre algún material experimental. A continuación detallamos los artículos localizados. En Shull [11] se aborda la problemática de la transmisión del conocimiento entre experimentadores para incrementar y mejorar las replicaciones experimentales, para lo cual proponen el uso de una estructura colaborativa basada en varios medios de comunicación y paquetes de laboratorio. Además Mendonca y colegas [8] describen la problemática sobre la transmisión de conocimiento entre grupos de investigación tanto internos como externos para llevar a cabo procesos de replicación de un experimento y proponen un marco de trabajo llamado FIRE (*Framework for Improving the Replication of Experiments*). En FIRE se direcciona el problema de compartir conocimiento entre investigadores fomentando la coordinación entre grupos de investigación con el uso de diferentes medios y mecanismos de comunicación, que a decir de los autores, facilitan la transmisión de conocimientos, permiten reducir costos, mejoran la calidad de las replicaciones y proveen resultados generalizables. También Shull y colegas [9] describen la problemática de la transferencia del conocimiento tácito entre experimentadores para realizar mejores procesos de replicación de experimentos, estudios complementarios y robustas conclusiones en un área específica de la ISE. La solución propuesta por los autores sustenta la idea de fomentar la relación entre el experimentador original y el replicador para transmitir el conocimiento tácito a través de una estructura colaborativa además del uso del paquete del laboratorio. Finalmente, Do y colegas [10] abordan la problemática de la baja cantidad de experimentos sobre la efectividad de las técnicas de testing, la escasa cantidad de datos empíricos y además sobre los costos que conlleva la ejecución de experimentos controlados en IS. La solución propuesta es una infraestructura para soportar experimentos controlados en técnicas de testing y testing de regresión. La infraestructura, descrita por los autores, permite la replicabilidad de experimentos, la agregación de resultados y la amortización de costos en experimentación.

El análisis de los artículos localizados permitió identificar indicios de aplicación de la gestión sobre materiales experimentales, pero en los estudios analizados los investigadores indican problemas en la gestión de versiones de materiales experimentales para poder llevar a cabo un proceso de replicación, específicamente hemos encontrado carencias con respecto a la información que permita conocer el estado y la traza de los materiales experimentales y la ausencia de actividades de gestión sobre los materiales experimentales.

7 Amenazas a la Validéz

La principal amenaza está relacionada con la palabras claves utilizadas para la selección de los estudios. Hemos utilizado términos y sinónimos para la construcción de las cadenas de búsqueda los cuales comúnmente se utilizan en la comunidad que investiga en ISE. Esto lo realizamos mediante un estudio de base realizado sobre artículos sugeridos por expertos que conocen y tienen experiencia sobre experimentación y replicación en ISE. Una amenaza a la validéz secundaria está relacionada con el factor humano al momento de aplicar los criterios de inclusión y exclusión para la preselección y selección de artículos. Para mitigar esta amenaza los investigadores realizaron un chequeo individual y, posteriormente, un chequeo cruzado. El chequeo individual consistió en que cada investigador revisa y genera una lista de artículos, posteriormente cada lista fue revisada para consolidarla en una única lista de artículos.

8 Conclusión

Se ha realizado un estudio de mapeo sistemático con dos iteraciones en la que buscamos identificar la cantidad, tipo de publicaciones y reportes técnicos disponibles sobre la gestión del material experimental para su uso en replicaciones. En la primera iteración se ha obtenido un sólo artículo sobre la temática, motivando a realizar una segunda iteración donde se ha mantenido ciertos parámetros de la iteración I, entre ellas la pregunta de investigación, los criterios de inclusión y exclusión para las actividades de preselección y selección de artículos. Además se ha añadido un segundo contexto con el objetivo de identificar estudios acerca del soporte al proceso de replicación de experimentos empleando gestión de materiales experimentales. Estos cambios, han conducido a la generación de dos nuevas cadenas de búsqueda. A la primera le denominamos modificación parcial de términos (MPT) en la que se ha mantenido algunos de los sinónimos empleados en la cadena original, mientras la segunda lleva la denominación de modificación total de términos (MTT) donde se han cambiado todos los sinónimos de los términos de la estrategia PICOC. Este nuevo escenario de MTP y MTT ha logrado encontrar cuatro artículos más incluido el artículo localizado en la iteración I. De ahí, se puede concluir la escasa existencia de artículos sobre la temática. Además, el análisis de los artículos encontrados ha descubierto que dichos artículos, en su mayoría, adolecen de problemas en la gestión de versiones de materiales experimentales para poder llevar a cabo un proceso de replicación. Finalmente, la gestión de materiales experimentales representa un marco novedoso y poco trabajado, y con este artículo hemos proporcionado información de interés como punto de partida para la investigación de la adopción del paradigma de gestión de configuración de software en la gestión del material experimental en ISE.

9 Trabajos Futuros

En el mapeo sistemático conducido, se realizó un esfuerzo sustancial para seleccionar un grupo de artículos a partir de una gran cantidad de estos. Creemos que futuras ampliaciones y actualizaciones se beneficiarán de nuestros esfuerzos, debido a que estas extensiones sólo tendrán que aplicar el procedimiento de búsqueda de las publicaciones después de 2014. Por lo que esperamos realizar actualizaciones continuas para este estudio de mapeo, usando o mejorando el protocolo de investigación que se describe en este artículo.

Reconocimientos. Los autores agradecen a la Universidad de las Fuerzas Armadas (ESPE), al Grupo de Investigación en Ingeniería de Software Empírica (GrISE), a la Secretaría de Educación Superior, Ciencia, Tecnología e Innovacion (SENESCYT) y a la Facultad Politécnica FP-UNA por el soporte brindado durante el desarrollo de este trabajo.

Referencias

1. Sjøberg, D.I., Hannay, J.E., Hansen, O., Kampenes, V.B., Karahasanovic, A., Liborg, N.K., Rekdal, A.C.: A survey of controlled experiments in software engineering. Software Engineering, IEEE Transactions on 31 (2005) 733–753
2. Zendler, A.: A preliminary software engineering theory as investigated by published experiments. Empirical Software Engineering 6 (2001) 161–180
3. Dieste, O., Fernandez, E., Garcia Martinez, R., Juristo, N.: Comparative analysis of meta-analysis methods: when to use which? In: Evaluation & Assessment in Software Engineering (EASE 2011), 15th Annual Conference on, IET (2011) 36–45
4. Basili, V.R., Shull, F., Lanubile, F.: Building knowledge through families of experiments. Software Engineering, IEEE Transactions on 25 (1999) 456–473
5. Daly, J., Brooks, A., Miller, J., Roper, M., Wood, M.: Verification of results in software maintenance through external replication. In: Software Maintenance, 1994. Proceedings., International Conference on, IEEE (1994) 50–57
6. Shull, F.J., Carver, J.C., Vegas, S., Juristo, N.: The role of replications in Empirical Software Engineering. Empirical Software Engineering 13 (2008) 211–218
7. Schmidt, S.: Shall we really do it again? The powerful concept of replication is neglected in the social sciences. Review of General Psychology 13 (2009) 90–100
8. Mendon¸ca, M.G., Maldonado, J.C., de Oliveira, M.C.F., Carver, J., Fabbri, S.C., Shull, F., Travassos, G.H., Hohn, E.N., Basili, V.R.: A framework for software engineering

experimental replications. In: Engineering of Complex Computer Systems, 2008. ICECCS 2008. 13th IEEE International Conference on, IEEE (2008) 203–212

9. Shull, F., Basili, V., Carver, J., Maldonado, J.C., Travassos, G.H., Mendonca, M., Fabbri, S.: Replicating software engineering experiments: addressing the tacit knowledge problem. In: Empirical Software Engineering, 2002. Proceedings. 2002 International Symposium n, IEEE (2002) 7–16
10. Do, H., Elbaum, S., Rothermel, G.: Supporting controlled experimentation with testing techniques: An infrastructure and its potential impact. Empirical Software Engineering 10 (2005) 405–435
11. Shull, F., Mendoncca, M.G., Basili, V., Carver, J., Maldonado, J.C., Fabbri, S., Travassos, G.H., Ferreira, M.C.: Knowledge-sharing issues in experimental software engineering. Empirical Software Engineering 9 (2004) 111–137
12. Gallardo, E.G.E.: Using configuration management and product line software paradigms to support the experimentation process in software engineering. In: Sixth International Conference on Research Challenges in Information Science, RCIS 2012, Valencia, Spain, May 16-18 2012. (2012) 1–6
13. Vegas, S., Juristo, N., Moreno, A., Solari, M., Letelier, P.: Analysis of the influence of communication between researchers on experiment replication. International Symposium on Empirical Software Engineering (2006) 28
14. Kamsties, E., Lott, C.M.: An Empirical Evaluation of Three Defect-Detection Techniques. Proc. ESEC (1995) 362–383
15. Lott, C.: Comparing reading and testing techniques. (n.d.)
16. Basili, V., Green, S., Laitenberger, O., Lanubile, F., Shull, F., Sorumgard, S., Zelkowitz, M.: Packaging Researcher Experience to Assist Replication of Experiments. Proc. ISERN Meeting (1996) 3–6
17. Boehm, B., Basili, V.: The CeBASE Framework for Strategic Software Development and Evolution. Relation (2000)
18. Hofmann, B., Wulf, V.: Building communities among software engineers: The visek approach to intraand inter-organizational learning. In: Advances in Learning Software Organizations, 4th International Workshop, LSO 2002, Chicago, IL, USA, August 6, 2002, Revised Papers. (2002) 25–33
19. Vanschoren, J., Blockeel, H.: Stand on the Shoulders of Giants : Towards a Portal for Collaborative Experimentation in Data Mining. Proceedings of the SoKD-09 International Workshop on Third Generation Data Mining at ECML PKDD 2009 1 (2009) 88–99
20. Petersen, K., Feldt, R., Mujtaba, S., Mattsson, M.: Systematic mapping studies in software engineering. In: 12th International Conference on Evaluation and Assessment in Software Engineering. Volume 17., sn (2008)
21. Beecham, S., Baddoo, N., Hall, T., Robinson, H., Sharp, H.: Protocol for a systematic literature review of motivation in software engineering. (2006)
22. Petticrew, M., Roberts, H.: Systematic reviews in the social sciences: A practical guide. John Wiley & Sons (2008)
23. Dieste, O., Padua, A.G.: Developing search strategies for detecting relevant experiments for systematic reviews. In: Empirical Software Engineering and Measurement, 2007. ESEM 2007. First International Symposium on, IEEE (2007) 215–224
24. Juristo, N., Vegas, S.: Design patterns in software maintenance: An experiment replication at upm-experiences with the reser'11 joint replication project. In: Replication in Empirical Software Engineering Research (RESER), 2011 Second International Workshop on, IEEE (2011) 7–14
25. Shull, F., Lanubile, F., Basili, V.R.: Investigating reading techniques for object-oriented framework learning. Software Engineering, IEEE Transactions on 26 (2000) 1101–1118

26. Maldonado, J.C., Carver, J., Shull, F., Fabbri, S., Doria, E., Martimiano, L., Mendonca, M., Basili, V.: Perspective-based reading: a replicated experiment focused on individual reviewer effectiveness. Empirical Software Engineering 11 (2006) 119–142
27. Sabaliauskaite, G., Matsukawa, F., Kusumoto, S., Inoue, K.: Further investigations of reading techniques for object-oriented design inspection. Information and Software Technology 45 (2003) 571–585
28. Albayrak, O¨ ., Carver, J.C.: Investigation of individual factors impacting the effectiveness of requirements inspections: a replicated experiment. Empirical Software Engineering 19 (2014) 241–266
29. He, L., Carver, J.: Pbr vs. checklist: a replication in the n-fold inspection context. In: Proceedings of the 2006 ACM/IEEE international symposium on Empirical software engineering, ACM (2006) 95–104
30. da Silva, F.Q., Franca, A.C.C., Suassuna, M., de Sousa Mariz, L.M., Rossiley, I., de Miranda, R.C., Gouveia, T.B., Monteiro, C.V., Lucena, E., Cardozo, E.S., et al.: Team building criteria in software projects: A mix-method replicated study. Information and Software Technology 55 (2013) 1316–1340
31. Dunsmore, A., Roper, M., Wood, M.: Further investigations into the development and evaluation of reading techniques for object-oriented code inspection. In: Proceedings of the 24th international conference on Software engineering, ACM (2002) 47–57.
32 Edison Gonzalo Espinosa Gallardo, "Gestión de la configuración y Lineas de Productos para Mejorar el Proceso experimental en Ingeniería del SOftware", UPM 2014

Apéndice: Lista de Artículos Preseleccionados

[ABF04] Roger T. Alexander, James M. Bieman, and Robert B. France. A software engineering research repository. SIGSOFT Softw. Eng. Notes, 29(5):1–4, September 2004.

[BCL+ 01] V. Basili, P. Costa, M. Lindvall, M. Mendonca, C. Seaman, R. Tesoriero, and M. Zelkowitz. An experience management system for a software engineering research organization. In Software Engineering Workshop, 2001. Proceedings. 26th Annual NASA Goddard, pages 29–35, 2001.

[BSL99] V.R. Basili, F. Shull, and F. Lanubile. Building knowledge through families of experiments. Software Engineering, IEEE Transactions on, 25(4):456–473, Jul 1999.

[BSL00] Victor R. Basili, Forrest Shull, and Filippo Lanubile. Using experiments to build a body of knowledge. In Proceedings of the Third International Andrei Ershov Memorial Conference on Perspectives of System Informatics, PSI '99, pages 265–282, London, UK, UK, 2000. Springer-Verlag.

[BZS+ 07] Victor R. Basili, Marvin V. Zelkowitz, Dag I. Sjøberg, Philip Johnson, and Anthony J. Cowling. Protocols in the use of empirical software engineering artifacts. Empirical Softw. Engg., 12(1):107–119, February 2007.

[DER05] Hyunsook Do, Sebastian Elbaum, and Gregg Rothermel. Supporting controlled experimentation with testing techniques: An infrastructure and its potential impact. Empirical Softw. Engg., 10(4):405–435, October 2005.

[FPCM98] P. Fowler, M. Patrick, A. Carleton, and B. Merrin. Transition packages: an experiment in expediting the introduction of requirements management. In Requirements Engineering, 1998. Proceedings. 1998 Third International Conference on, pages 138–145, 1998.

[JV09] Natalia Juristo and Sira Vegas. Using differences among replications of software engineering experiments to gain knowledge. In Proceedings of the 2009 3rd International

Symposium on Empirical Software Engineering and Measurement, ESEM '09, pages 356–366, Washington, DC, USA, 2009. IEEE Computer Society.

[LT09] V.P. Lopes and G.H. Travassos. Knowledge repository structure of an experimental software engineering environment. In Software Engineering, 2009. SBES '09. XXIII Brazilian Symposium on, pages 32–42, Oct 2009. [MA03] J. Munch and O. Armbrust. Using empirical knowledge from replicated experiments for software process simulation: a practical example. In Empirical Software Engineering, 2003. ISESE 2003. Proceedings. 2003 International Symposium on, pages 18–27, Sept 2003.

[MCDdO06] Manoel Mendonca, Daniela Cruzes, Josemeire Dias, and Maria Cristina Ferreira de Oliveira. Using observational pilot studies to test and improve lab packages. In Proceedings of the 2006 ACM/IEEE International Symposium on Empirical Software Engineering, ISESE '06, pages 48–57, New York, NY, USA, 2006. ACM.

[MMdO+ 08] M.G. Mendonca, J.C. Maldonado, M.C.F. de Oliveira, J. Carver, S.C.P.F. Fabbri, F. Shull, Guilherme H. Travassos, E.N. Hohn, and V.R. Basili. A framework for software engineering experimental replications. In Engineering of Complex Computer Systems, 2008. ICECCS 2008. 13th IEEE International Conference on, pages 203–212, March 2008.

[SBC+ 02] Forrest Shull, Victor Basili, Jeffrey Carver, José C. Maldonado, Guilherme Horta Travassos, Manoel Mendon¸ca, and Sandra Fabbri. Replicating software engineering experiments: Addressing the tacit knowledge problem. In Proceedings of the 2002 International Symposium on Empirical Software Engineering, ISESE '02, pages 7–, Washington, DC, USA, 2002. IEEE Computer Society.

[SCVJ08] Forrest J. Shull, Jeffrey C. Carver, Sira Vegas, and Natalia Juristo. The role of replications in empirical software engineering. Empirical Softw. Engg., 13(2):211–218, April 2008.

[SMB+ 04] Forrest Shull, ManoelG. Mendonca, Victor Basili, Jeffrey Carver, JosC. Maldonado, Sandra Fabbri, GuilhermeHorta Travassos, and MariaCristina Ferreira. Knowledge-sharing issues in experimental software engineering. Empirical Software Engineering, 9(1-2):111–137, 2004.

[STW+ 05] Jun-Ming Su, Shian-Shyong Tseng, Ching-Yao Wang, Ying-Chieh Lai, Yu-Chang Sung, and Wen-Nung Tsai. A content management scheme in a SCORM compliant learning object repository. J. Inf. Sci. Eng., 21(5):1053–1075, 2005.

[TdSNB08] G.H. Travassos, P.S.M. dos Santos, P.G.M. Neto, and J. Biolchini. An environment to support large scale experimentation in software engineering. In Engineering of Complex Computer Systems, 2008. ICECCS 2008. 13th IEEE International Conference on, pages 193–202, March 2008.

[TMN+ 99] K. Torii, K.-i. Matsumoto, K. Nakakoji, Y. Takada, S. Takada, and K. Shima. Ginger2: an environment for computer-aided empirical software engineering. Software Engineering, IEEE Transactions on, 25(4):474–492, Jul 1999.

[VZJ03] P. Vitharana, F.M. Zahedi, and H. Jain. Knowledge-based repository scheme for storing and retrieving business components: a theoretical design and an empirical analysis. Software Engineering, IEEE Transactions on, 29(7):649–664, July 2003.

Revisión sistemática de ontologías en aplicaciones web

Gilson Saraguro-Silva[1], René Guamán-Quinche[1], y Hernán Torres-Carrión[1]

[1] Universidad Nacional de Loja, Ingeniería en Sistemas, Ciudad Universitaria Guillermo Falconí Espinosa La Argelia, Ecuador
{gasaraguros, rguaman, hltorres}@unl.edu.ec

Resumen Las ontologías definidas como una especialización formal de una conceptualización compartida, representa un cambio importante en el ámbito informático. El desarrollo de aplicaciones web tiene un gran cambio al aplicar ontologías en su creación, pues permitirían el desarrollo de aplicaciones basadas en el conocimiento. El presente trabajo está orientado a una revisión sistemática de ontologías en aplicaciones web, para lo cual se realizó una búsqueda de información en diferentes fuentes bibliográficas que nos ayude a responder nuestras preguntas de revisión. Los artículos seleccionados aportan con información concerniente a modelos u ontologías aplicables al diseño de aplicaciones web, ontologías y accesibilidad web, información relevante de ontologías, herramientas y metodologías utilizadas para su creación.

1. Introducción

El término ontología en su connotación informática establece que es una especificación formal y explícita de una conceptualización compartida [1]. Desde finales de la década de los 80, el uso de ontologías se introdujo en el campo de la Inteligencia Artificial como un mecanismo para reutilizar y compartir conocimiento.

Consecuentemente, una ontología es el resultado de seleccionar un dominio, y aplicar sobre el mismo un método para obtener una representación formal de los conceptos que contiene y las relaciones que existen entre los mismos [2]. En la actualidad, es común escribir ontologías para representar el conocimiento de un dominio.

En los últimos años, el acceso a la información es ampliamente disponible con el tremendo avance en la creación de redes y tecnologías de dispositivos inteligentes, para los usuarios es fácilmente acceder a la información dinámica en cualquier lugar, en cualquier momento, ellos pueden acceder a cantidades colosales de información con estos dispositivos [3], sin embargo, el hecho de que existe grandes cantidades de información, hace que los usuarios estén propensos a la limitación de encontrarse con información que no les sea de utilidad, lo cual provoca la necesidad de personalizar la información.

La introducción de ontologías actualmente en aplicaciones web se enfocan para mejorar su accesibilidad, permitiendo de esta manera darle un sentido semántico a páginas web con la finalidad de que la navegación en Internet sea lo más fácil posible para todo tipo de personas independientemente si esta sufre de algún tipo de discapacidad.

La organización de este informe esta dado de la siguiente manera: en primer lugar comenzaremos señalando en la Sección 1 a modo de introducción la importancia de una ontología en las aplicaciones web. La Sección 2 describe el marco teórico con información que gira entorno a las ontologías, la Sección 3 se establecerán las preguntas de revisión, la Sección 4 se presentan algunos de los métodos de revisión. Para finalmente, la Sección 5 mostrar los resultados, las conclusiones y recomendaciones de este trabajo.

2. Marco Teórico

2.1 Web Semántica

Es un aspecto fundamental en la representación de información para mejorar la accesibilidad web, ya que consta de una arquitectura de URI y Unicode, XML y XML Schema, RDF y RDF Schema, ontología, lógica, que ofrece una versión más avanzada de WWW actual [4].

En 2001 Berners-Lee publicó un artículo programático en el que anunciaba el proyecto de la web semántica como una extensión de la actual, dotada de una estructura que permitiera expresar el contenido de las páginas de una forma que los ordenadores pudieran entenderlas y que posibilitase tanto la interacción entre ordenadores como entre éstos y los usuarios. Proponía así un nuevo modelo en el que todos sus contenidos estarían descritos y estructurados de un modo que las máquinas podrían comprenderlos.

Para que ello fuera posible, Berners-Lee suponía que en la web de un futuro cercano los ordenadores tendrían acceso a información semánticamente marcada y estructurada, a ontologías que expresarían conceptos, y a conjuntos de reglas de inferencia útiles para llevar a cabo razonamientos automáticos sobre las páginas web que permitiesen a los ordenadores desarrollar tareas inteligentes [5].

2.2 Accesibilidad Web

Se ocupa de hacer posible que personas con distintas discapacidades puedan acceder a la web en igualdad de condiciones sin pérdida de información o funcionalidad [6], pero se debe tomar en cuenta que la accesibilidad web también beneficia a personas con limitaciones derivadas del contexto de navegación. Según T. Berners Lee, accesibilidad web es: "Poner Internet y sus servicios a disposición de las personas, sean cuales sean sus requisitos de hardware o software, su infraestructura de red, su idioma materno, su contexto cultural, su ubicación geográfica o sus aptitudes mentales y físicas" [7].

En si se podría decir que la Accesibilidad Web es la posibilidad de acceder a información en la web indistintamente de limitaciones personales o limitaciones derivadas del entorno.

2.3 Ontologías

Son un aspecto importante en la arquitectura de la Web Semántica puesto que es una forma dinámica para la elaboración de sitios web.

El término ontología proviene de la filosofía; pero en inteligencia artificial (IA), tiene diferentes connotaciones. La definición declarativa más consolidada es la propuesta por Gruber y extendida por Studer y colegas que la describe como una especificación explícita y formal sobre una conceptualización compartida. La interpretación de esta definición es que las ontologías definen conceptos y relaciones de algún dominio, de forma compartida y consensuada; y que esta conceptualización debe ser representada de una manera formal, legible y utilizable por los ordenadores [8].

Las ontologías tienen los siguientes componentes que servirán para representar el conocimiento de algún dominio:

- **Conceptos:** son las ideas básicas que se intentan formalizar. Los conceptos pueden ser clases de objetos, métodos, planes, estrategias, procesos de razonamiento, etc.
- **Relaciones:** representan la interacción y enlace entre los conceptos del dominio. Suelen formar la taxonomía del dominio. Por ejemplo: subclase-de, parte-de, parte-exhaustiva-de, conectado-a, etc.
- **Funciones:** son un tipo concreto de relación donde se identifica un elemento mediante el cálculo de una función que considera varios elementos de la ontología. Por ejemplo, pueden aparecer funciones como categorizar-clase, asignar fecha, etc.
- **Instancias:** se utilizan para representar objetos determinados de un concepto.
- **Axiomas:** son teoremas que se declaran sobre relaciones que deben cumplir los elementos de la ontología. Por ejemplo: Si A y B son de la clase C, entonces A no es subclase de B, Para todo A que cumpla la condición C, A es B, etc...

2.4 Metodologías

Para el diseño de cualquier ontología es necesario contar con una metodología específica. Son muchas las propuestas existentes. De entre ellas podemos destacar algunas como:

En [9] hace referencia a la Metodología CYC, publicada por Lenat y Guha, en la que se divulga algunos de los pasos generales para la construcción de ontologías; el primero consiste en extraer manualmente el conocimiento común que está implícito en diferentes fuentes para después, cuando se tenga suficiente conocimiento en la ontología, adquirir nuevo conocimiento común usando herramientas de procesamiento de lenguaje natural o aprendizaje computacional.

En [10] presenta información de la Metodología de USCHOLD Y KING, en el que describe una serie de pasos que permiten plasmar y especificar los conocimientos que se tienen sobre un dominio específico, Entre sus pasos para desarrollar ontologías propone:

- Identificar el propósito;
- Capturar los conceptos y relaciones entre estos conceptos y los términos utilizados para referirse a estos conceptos y relaciones;
- Codificar la ontología.

En [11] se describe a la Metodología de GRÜNINGER Y FOX, cuyo primer paso consiste en identificar intuitivamente las aplicaciones posibles en las que se usará la ontología. Luego, se utilizan un conjunto de preguntas en lenguaje natural, llamadas cuestiones de competencia, para determinar el ámbito de la ontología. Se usan estas preguntas para extraer los conceptos principales, sus propiedades, relaciones y axiomas, los cuales se definen formalmente en Prolog.

Metodología Kactus en ella se construye la ontología sobre una base de conocimiento por medio de un proceso de abstracción [12]. Kactus define los siguientes pasos:

- Especificación de la aplicación,
- Diseño preliminar basado en categorías ontológicas top level relevantes y
- Refinamiento y estructuración de la ontología.

En [13] se hace el uso de la Metodología METHONTOLOGY, la metodologías es descrita como una de las propuestas más completas ya que toma la creación de ontologías como un proyecto informático. Permite construir ontologías totalmente nuevas o reutilizar otras ontologías.

Propone las siguientes etapas:

- Especificación,
- Conceptualización,
- Formalización,
- Implementación y,
- Mantenimiento.

Metodología TERMINAE, la cual aporta tanto una metodología como una herramienta para la construcción de ontologías a partir de textos. Se basa en un análisis lingüístico de los textos, el cual se realiza mediante la aplicación de diferentes herramientas para el procesamiento del lenguaje natural. En particular se usan dos herramientas:

- Syntex para identificar términos y relaciones; y
- Cameléon para identificar roles o relaciones.

Mediante la aplicación de Syntex obtenemos una lista de posibles palabras y frases del texto y algunas dependencias sintácticas y gramaticales entre ellas. Estos datos se usan como entrada para el proceso de modelado junto con el texto original [14].

Metodología ONTOLOGY DEVELOPMENT 101 propuesta por la Universidad de Stanford EEUU [15], radican en:

- Determinar el dominio y ámbito de la ontología
- Determinar la intención de uso de la ontología
- Reutilizar ontologías o vocabularios controlados existentes
- Enumerar los términos importantes del dominio.
- Definir jerarquía de clases.
- Crear las instancias.

Para finalizar REFSENO proporciona construcciones para describir conceptos (cada concepto representa una clase de objetos), sus atributos y relaciones. Se utiliza tres tablas para representar estos elementos: una tabla con el glosario de términos, otra de atributos, y otra con las relaciones. REFSENO también permite la descripción de las consultas basadas en similitud, e incorpora las reglas de integridad como cardinalidades y rangos de valores para los atributos, y las afirmaciones y las condiciones previas en las instancias de los elementos [16].

2.5 Herramientas para la creación de ontologías

Existen variadas herramientas relacionadas con las ontologías, las primeras en existir como Ontolingua Server, Ontosaurus a las más recientes Protégé 2000, WebODE, y Ontoedit, ofrece la siguiente tipología:

De desarrollo de ontologías: este grupo incluye las herramientas que sirve para la construcción de nuevas ontologías o bien para la reutilización de las existentes. Destacan entre sus funcionalidades la edición y la consulta, así como la exportación e importación de ontologías, la visualización en diversos formatos gráficos, etc.

De la fusión y de la integración de las ontologías: pretenden solucionar el problema de la combinación y la integración de diversas ontologías del mismo dominio, lo que ocurre cuando se unen dos organizaciones diferenciadas, o cuando se pretende obtener una ontología de calidad, a partir de las ya existentes.

De evaluación de ontologías: aparecen como instrumentos de apoyo que deben asegurar que tanto las ontologías como las tecnologías relacionadas tengan un nivel mínimo de calidad. Para el futuro, este esfuerzo pudo también conducir a las certificaciones estandarizadas.

Basadas de la anotación: estas herramientas se han diseñado para permitir a usuarios que inserten informaciones y datos. La mayoría de estas herramientas han aparecido recientemente, junto con la aparición de la idea de web semántica.

De almacenaje y de preguntas: son instrumentos que se han creado para permitir usar fácilmente las ontologías. La clave está en el intento de que la web se convierta en una auténtica plataforma para transmitir conocimiento.

De aprendizaje: se utilizan semi-automáticamente para construir ontologías a partir de la lengua natural [14].

2.6 Ontologías y su influencia en las aplicaciones web

Las ontologías son parte importante para la accesibilidad web, debido a que permite una mejor estructuración semántica de sitios web. En las web semántica, las ontologías juegan el papel del modelo conceptual (o esquema) consensuado de un dominio de conocimientos. Las ontologías no sólo especificarán el esquema de datos al que pueden referenciar las instancias anotadas en una página web, sino que además podrán tener información adicional de cómo hacer deducciones con ellos; es decir, axiomas que podrán aplicarse en los diferentes dominios que trate el conocimiento almacenado [17].

La utilización de ontologías también está presente en el proyecto FERMI (Formalisation and Experimentation on the Retrieval of Multimedia Information), proyecto ESPRIT 8134, bajo la dirección K. van Rijsbergen, en el que se incluyen herramientas de planificación, descubrimiento y selección de recursos de información multimedia.

Information Manifold Project, desarrollado en el ámbito de Bell Labs, hace uso de las ontologías para identificar las fuentes de información pertinentes a una búsqueda, acceder a las mismas, obtener documentos relevantes, compararlos, seleccionar los más adecuados y ofrece un resumen previo al usuario.

En el ámbito de la medicina, cuya necesidad de normalización y rigor semántico es crucial, debe destacarse el proyecto UMLS (Unified Medical Language System) desarrollado por la National Library of Medicine, que utiliza las ontologías como una herramienta más para la recuperación y acceso a la información biomédica [2].

3. Preguntas de revisión

A partir de la temática central "Ontologías en Aplicaciones Web" y luego de realizar algunas búsquedas preliminares que nos arrojaron resultados, las preguntas de investigación fueron dirigidas a modelos u ontologías relacionadas con aplicaciones web:

RQ1:¿Qué criterios se utilizan para el diseño de un modelo ontológico?
RQ2:¿Qué herramientas y metodologías se utilizan para generar un modelo ontológico?

4. Métodos de revisión

4.1 Fuentes y estrategias de búsquedas

4.1.1 Fuentes:

- **Google Académico**: https://scholar.google.com.ec/
- **IEEE Library:** http://ieeexplore.ieee.org
- **Dialnet:** https://dialnet.unirioja.es/
- **Springer:** http://www.springer.com/
- **Spocus:** http://www.scopus.com/

4.1.2 Estrategias de búsqueda:

A partir de las preguntas de investigación, se definieron palabras clave para las búsquedas: Ontologies, semantic web, concepts, relations, functions, instances, axioms, languages, method, methodology, ontology, internet information retrieval, accessibili-ty, users, world wide web, websites, W3C-WA.

Con estas palabras clave, se realizaron diversas combinaciones, usando operadores lógicos "OR" para los conceptos similares y "AND" para los conceptos complementarios. Además se consideraron las siguientes restricciones:

- Búsqueda sólo en el resumen del artículo, cuando el número de resultados es superior a 5.
- Se considera solo publicaciones desde el año 2010.

– Se consideraron journals y artículos de proceedings.

Las búsquedas realizadas serán identificadas con un código correlativo B01, B02 hasta B12.

4.2 Búsquedas

Las búsquedas realizadas fueron las siguientes:

Google Académico: https://scholar.google.com.ec/
B01: ontologías + accesibilidad + web
B06: Methontology + Ontología + OWL.
B11: Ontología + web semántica + personalización

IEEE Library: http://ieeexplore.ieee.org
B07: ((“ontology”) and (“RDF”) and (“accessibility”) and (“users”) and (“OWL”) and (“semantic web”) and ("rules"))
B08: ((“ontology”) and (“semantic web”) and ("personalization"))
B02: ((“ontologies” or “ontology”) and (“world wide web”) and (“accessibility”) and (“users”) and (“Internet information retrieval”) and (“classification on the Internet” or “information processing”) and (“Software agents”)) (S05) (S02) (S09)
B09: ((“accessibility”) and (“Ontology” or “Ontologies”) and (“usability”) and (“disability”) and (“composition” or “semantic web” or “semantic markup for web services”) and (“e-Learning” or “Learning Paths” or “Learning Service”) and (“websites”) and (“W3C-WAI”)) (S13)
B12: (“method” or “methodology” or “design Insights” and “Ontologies” or “Ontology” and “building ontologies” or “Languages” and “authoring tools” or “Ontology Authoring Tools” and “semantic web”) (S06)

Springer: http://www.springer.com/
B02: ((“ontologies” or “ontology”) and (“world wide web”) and (“accessibility”) and (“users”) and (“Internet information retrieval”) and (“classification on the Internet” or “information processing”) and (“Software agents”)) (S07)

Spocus: http://www.scopus.com/
B03: (("Ontology" or "ontologies") and ("RDF" or "OWL") and ("information retrieval" or "information"))(S14)
B04: (("Ontology" or "ontologies") and ("web application" or "website") and ("web" or "internet")) (S12)
B05: (("Ontology" or "ontologies") and ("RDF" or "semantic web") and ("information retrieval" or "information") and ("internet" or "web"or"www")) (S03)

Dialnet: https://dialnet.unirioja.es/
B10: (("Metodos") and ("Metodologia") and ("ontologias") and ("lenguajes"))

4.3 Criterios de selección de estudios

A partir de los resultados de búsquedas se acordó la selección de estudios y trabajos que cumplieran al menos uno de los siguientes puntos:

- Presente información concerniente a lo que es una ontología en el ámbito de la informática.
- Presenten información sobre ontologías aplicadas en diseño de aplicaciones web, información de ontologías en accesibilidad web, ontologías en la web semántica.
- Presenten metodologías o herramientas aplicables al desarrollo de modelos ontológicos.

4.4 Extracción de la información

Los criterios de selección de estudios establecen la pauta de extracción de información relevante para este trabajo. Por cada artículo seleccionado, se sintetizará al menos uno de los siguientes elementos:

- Información relevante de ontologías.
- Modelos u ontologías aplicables al diseño de aplicaciones web
- Ontologías y accesibilidad web
- Herramienta y Metodología utilizadas
- Conclusiones relevantes

5. Estudios incluidos y excluidos

Para la selección de artículos se tomaron en cuenta el aporte que estos tengan en trabajos referentes a ontologías en aplicaciones.

La búsqueda se realizó en diferentes repositorios repartido de la siguiente manera:

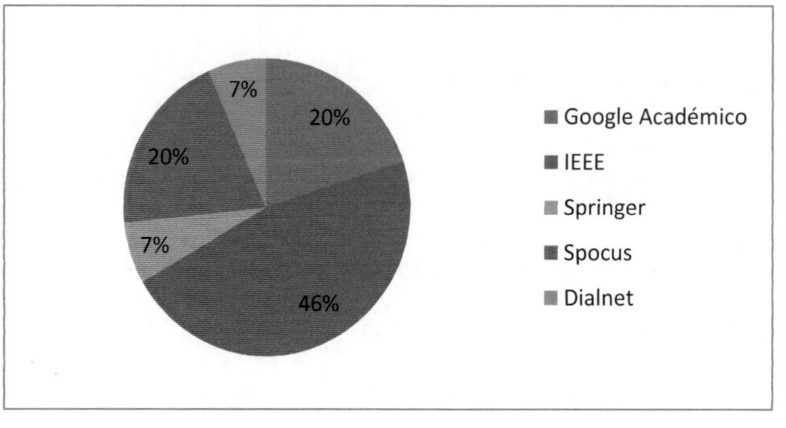

Fig. 1. Las búsquedas se realizaron en diferentes repositorios web, se dio mayor prioridad a artículos en idioma inglés de buscadores como IEEE, Spocus y Springer, en menor porcentaje se tomaron artículos en idioma español de fuentes como google académico y dialnet

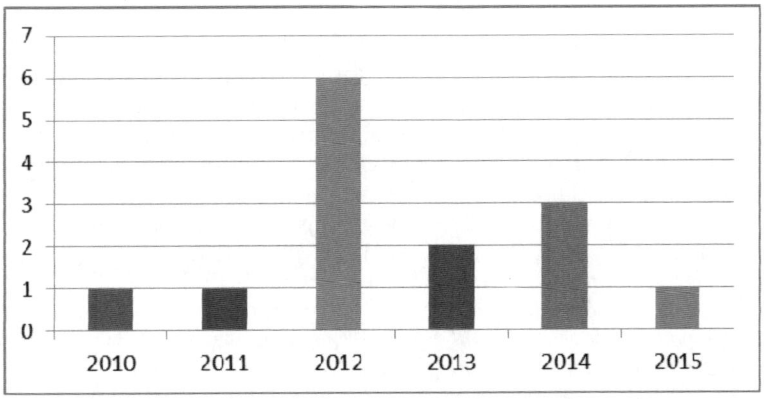

Fig. 2. La distribución dada en año de publicación de los casos de estudios seleccionados, presenta mayor impacto en el año 2012, seguido del año 2014 y 2013, en menor porcentaje se presenta trabajos realizados en los años 2010, 2011, 2015

6. Discusión y conclusiones

6.1 Principales hallazgos

Las referencias de casos seleccionados S01, S02, S15 a las que se hace mención, se las puede observar en el apéndice.

- [S01] muestra el modelo conceptual de una ontología denominada OntoBlind la cual representa los elementos compositivos básicos que pueden aparecer en las páginas web escritas en HTML (bloques de texto, imágenes, tablas, enlaces, etc.) junto con otros de carácter descriptivo (números de teléfono, direcciones de correo, autor de la página, fecha de creación, etc.) que podrán ofrecer información relevante a las personas invidentes.
- Información importante sobre lo que representa el concepto de ontologías esta descrito en [S02] [S04] [S05] [S06] [S08] [S09] [S12] [S14]. En los cuales definen una ontología como una especificación de una conceptualización comportadita, refiriéndose en sí a que una ontología no solo referencia una información explicita, sino que también forma parte el conocimiento implícito.
- Las ontologías poco a poco van sumergiéndose en el ámbito de la tecnología ya sea para aportar en la educación como [S09] para fomentar el aprendizaje, como también [S10] se pretende que base de datos obtenga un sentido semántico a la información.

- En [S02] [S05] [S07] [S08] [S09] [S10] [S11] [S14] [S15] muestran diferentes maneras en que se utilizan los modelos ontológicos para mejorar el diseño y eficiencia de aplicaciones.
- En la información obtenida se tiene que los aspectos básicos tomados comúnmente en ontologías y accesibilidad web, existe muy poca información. Los trabajos [S01] [S12] muestran ontologías destinadas a beneficiar a personas con discapacidad física. Mientras que el documento [S04] [S15], especifica una ontología destinada a mejorar el tratamiento de la información para usuarios.
- En [S13] presenta información concerniente a metodologías y herramientas que permiten la creación de modelos ontológicos para obtener una formalización del conocimiento de un dominio. En [S02] [S05] [S06] [S09] [S12] especifica la utilización de Protegé para la creación de ontologías, en [S08] se utiliza el editor Hozo y la metodología propuesta para el desarrollo de ontologías Software Development Life Cycle (SDLC). En [S02] se presenta una serie de paso para la elaboración de ontologías, mientras que en [S09] se emplea la metodología Methodology para la creación.
- Las ontologías pretenden ofrecer otra perspectiva que mejore el tratamiento de información en los sistemas integrando el conocimiento por medio de una formalización para satisfacer las necesidades de los usuarios [S01] [S02] [S03] [S04] [S06] [S07] [S08] [S09] [S10] [S12] [S13] [S14] [S15].

6.2 Conclusiones

Para realizar el presente trabajo se hizo una búsqueda en diferentes repositorios de base de datos científicas con la finalidad de obtener de información referente al tema de "ontologías en aplicaciones web", la búsqueda de información presento un sinnúmero de documentos, pero pocos fueron los artículos que poseían la información requerida para el desarrollo del trabajo.

La información analizada de los artículos encontrados en distintas base de datos, nos manifiesta que el estudio referente a ontologías ayudaría a llevar de mejor manera los distintos procesos involucrados en las aplicaciones web.

De la información recopilada se pudo evidenciar que el propósito que se muestra en cada uno de los artículos tiene un objetivo común, el que está referido a la utilización o implementación de ontologías en sistemas para obtener una integración formal del conocimiento.

7. Lista de estudios seleccionados en la revisión sistemática

S01. E. Sosa, F. Sánchez, M. Macías, and A. Lozano-Tello, "Uso de Ontologías en Páginas Web para Mejorar su Accesibilidad a Invidentes," *VIII Jornadas Ing. del Softw. y Bases Datos actas* , pp. 625–634, 2003.

S02. R. Mervin, S. Murugesh, and A. Jaya, "Ontology construction for explicit description of domain knowledge," vol. 2, pp. 1–6, 2015.

S03. S. K. Jayanthi and S. Prema, "Ontology based web search results visualization using BSDSC," *2011 3rd Int. Conf. Electron. Comput. Technol.*, vol. 4, pp. 315–319, 2011.

S04. H. Berger and C. Thomas, "Ontology-Based Query Expansion for Supporting Information Retrieval in Agriculture," *8th Int. Conf. Knowl. Manag. Organ.*, pp. 411–422, 2014.

S05. A. C. Bukhari and Y. G. Kim, "Ontology-assisted automatic precise information extractor for visually impaired inhabitants," *Artif. Intell. Rev.*, vol. 38, no. 1, pp. 9–24, 2012.

S06. P. S. Sonakneware and S. J. Karale, "Efficient information retrieval using domain ontology," *Int. Conf. Converg. Technol.*, pp. 1–5, 2014.

S07. K. M. A. Salam, H. Uchida, S. Yamada, and T. Nishino, "UNL Ontology Visualization for Web," *2012 13th ACIS Int. Conf. Softw. Eng. Artif. Intell. Netw. Parallel/Distributed Comput.*, pp. 542–545, 2012.

S08. B. Tech and G. Tegh, "Ontology Development using Hozo and Semantic Analysis for Information Retrieval in Semantic Web," pp. 113–118, 2013.

S09. J. A. J. B. John Jairo Tabares García, "Ontología para el proceso evaluativo en la educación superior," *Ontol. para el proceso Eval. en la Educ. Super.*, vol. 2, no. 4, 2014.

S10. M. Hazber, J. Yang, and Q. Jin, "Towards integration rules of mapping from relational databases to semantic web ontology," *Proc. - 2010 Int. Conf. Web Inf. Syst. Mining, WISM 2010*, vol. 1, pp. 335–339, 2010.

S11. B. Babu, G. S. Sathasivam, K. A. Kumari, and K. Saranya, "Ontology for Semantic Web using Personalization," pp. 688–693, 2012.

S12. H. Abdellaoui, M. A. Ben Mohamed, K. Bacha, and M. Zrigui, "Ontology based description of an accessible learning object," *2013 4th Int. Conf. Inf. Commun. Technol. Access. ICTA 2013*, 2013.

S13. J. Guzmán, M. Bonilla, and I. Durley, "Metodologías y métodos para la construcción de ontologías," *Sci. Tech. Año XVII, No 50 Univ. Tecnológica Pereira*, no. 50, pp. 133–140, 2012.

S14. O. Hernández and C. Vladimir, "OntPersonal : ontología de personalización para ITINER @, un sistema generador de rutas turísticas basado en información," no. 1, pp. 1–12, 2012.

S15. S. Albukhitan and T. Helmy, "Multilingual food and health ontology learning using semi-structured and structured web data sources," *Proc. 2012 IEEE/WIC/ACM Int. Conf. Web Intell. Intell. Agent Technol. Work. WI-IAT 2012*, pp. 231–235, 2012.

Referencias

1. O. Hernández and C. Vladimir, "OntPersonal : ontología de personalización para ITINER @, un sistema generador de rutas turísticas basado en información," no. 1, pp. 1–12, 2012.
2. J. Tramullas Saz, "Agentes y ontologías para el tratamiento de la información: clasificación y recuperación en Internet," *IV Congr. ISKO-España*, pp. 247–252, 1999.
3. S. Isiaq and T. Osman, "Ontology Modelling Methodology for Temporal and Interdependent Applications," *2014 UKSim-AMSS 16th Int. Conf. Comput. Model. Simul.*, pp. 434–439, 2014.
4. S. Kumar and S. Kumar, "Semantic Web Attacks and Countermeasures," pp. 0–4, 2014.
5. R. Pedraza-Jiménez, L. Codina, and C. Rovira, "Web semántica y ontologías en el

procesamiento de la información documental," *El Prof. la Inf.*, vol. 16, no. 6, pp. 569–578, 2007.
6. X. G. GARCÍA, *UF1843 - Aplicaciones técnicas de usabilidad y accesibilidad en el entorno cliente:* Paraninfo, 2015.
7. F. J. Díaz, I. Banchoff Tzancoff, Claudia M. Harari, M. A. Osorio, and A. P. Amadeo, "Accesibilidad Web abierta a la comunidad: la primer Experiencia en la Facultad de Informática de la UNLP," *XVII Congr. Argentino Ciencias la Comput.*, pp. 469–478, 2011.
8. A. Lozano Tello, "Ontologías en la Web Semántica," *I Jornadas Ing. Web'01*, vol. 1, pp. 1–4, 2001.
9. E. Bash, *Tópicos selectos de tecnologías de información con aplicaciones prácticas*, vol. 1. 2015.
10. M. Uschold and M. King, "Towards a Methodology for Building Ontologies," *Methodology*, vol. 80, no. July, pp. 275–280, 1995.
11. M. Grüninger, M. S. Fox, and M. Gruninger, "Methodology for the Design and Evaluation of Ontologies," *Int. Jt. Conf. Artif. Intel. (IJCAI95), Work. Basic Ontol. Issues Knowl. Shar.*, pp. 1–10, 1995.
12. H. Hernández Ramírez and M. Saíz Noeda, "Ontologías mixtas para la representación conceptual de objetos de aprendizaje," *Proces. del Leng. Nat.*, vol. 38, pp. 99–106, 2007.
13. J. A. J. B. John Jairo Tabares García, "Ontología para el proceso evaluativo en la educación superior," *Ontol. para el proceso Eval. en la Educ. Super.*, vol. 2, no. 4, 2014.
14. J. Guzmán, M. Bonilla, and I. Durley, "Metodologías y métodos para la construcción de ontologías," *Sci. Tech. Año XVII, No 50 Univ. Tecnológica Pereira*, no. 50, pp. 133–140, 2012.
15. N. Noy, "Ontology Development 101 What is an ontology An ontology is an explicit description," *Reproduction*, no. July, pp. 1–65, 2005.
16. M. G. Félix García, Manuel F. Bertoa, Coral Calero, Antonio Vallecillo, Francisco Ruiz, Mario Piattni, "Towards a consistent terminology for software measurement," *Inf. Softw. Technol.*, vol. 48, no. 8, pp. 631–644, 2006.
17. E. Sosa, F. Sánchez, M. Macías, and A. Lozano-Tello, "Uso de Ontologías en Páginas Web para Mejorar su Accesibilidad a Invidentes," *VIII Jornadas Ing. del Softw. y Bases Datos actas*, pp. 625–634, 2003.

Apéndice

A continuación se presenta información recolectada de los casos de estudios seleccionados, la cual está dividida en tablas con información de los respectivos casos, con la información recolectada se pretende conocer acerca de ontologías y su influencia en aplicaciones web.

Tabla 1. Caso de estudio S01

B01 Uso de Ontologías en Páginas Web para Mejorar su Accesibilidad a Invidentes	
Información relevante de ontologías	Las ontologías no sólo especificarán el esquema de datos al que pueden referenciar las instancias anotadas en una página web, sino que además podrán tener información adicional de cómo hacer deducciones con ellos; es decir, axiomas que podrán aplicarse en los diferentes dominios que trate el conocimiento almacenado.
Modelos u ontologías aplicables al diseño de aplicaciones web	OntoBlind: es la ontología en la que se basan las aplicaciones software del sistema y que contiene los elementos que podrán incluirse en las páginas Web, con los atributos y relaciones correspondientes entre ellos.
Ontologías y accesibilidad web	La creación de una ontología que permita mejorar las posibilidades de accesibilidad web particularmente en personas con discapacidades especiales.
Herramienta y metodología utilizada	OTBMarker: es un editor que permite crear páginas Web con anotaciones semánticas en los elementos conforme a la ontología OntoBlind.
Conclusiones relevantes	Hacer las páginas web más accesibles para todos los usuarios, especialmente para aquellos que presentan algún tipo de discapacidad, es un deber de todos los diseñadores

Tabla 2. Caso de estudio S02

B02 Ontology Construction for explicit description of domain knowledge	
Información relevante de ontologías	Las ontologías juegan un papel vital después de la evolución de la Web semántica. Las ontologías se utilizan en varios dominios. La ontología se utiliza para refinar la búsqueda con la semántica y dar el mejor resultado para el usuario.
Modelos u ontologías aplicables al diseño de aplicaciones web	Existen diferentes métodos para la construcción de la ontología; enfoque único de ontología, la ontología de enfoque múltiple el enfoque de la ontología híbrido.
Ontologías y accesibilidad web	El autor no presenta una información dedicada a accesibilidad directamente.
Herramienta y metodología utilizada	Se utilizó la herramienta Protégé y también se siguieron cinco pasos para la construcción, los cuales son Extracción, Análisis, generación, validación y Evaluación.
Conclusiones relevantes	El objetivo principal de la construcción ontología es proporcionar resultados precisos a consultas planteadas por los usuarios, en lugar de regresan listas de documentos completos o fragmentos de documentos que están más cerca de la respuesta esperada, como con la mayoría de IR sistemas

Tabla 3. Caso de estudio S03

B03 Ontology Based Web Search Results Visualization Using BSDSC	
Información relevante de ontologías	Una ontología bien estructurada existente permite una rápida extracción
Modelos u ontologías aplicables al diseño de aplicaciones web	La ontología se utiliza para encontrar reglas de clasificación importantes, y estas reglas se utilizan para llevar a cabo un extenso análisis del contenido de los mayores motores de uso general de búsqueda de Internet en uso hoy en día.
Ontologías y accesibilidad web	El autor no presenta una información dedicada a accesibilidad directamente.
Herramienta y metodología utilizada	El autor no define una herramienta o metodología utilizada.
Conclusiones relevantes	En este trabajo de investigación, se ha introducido un nuevo enfoque para la minería web relacional

Tabla 4. Caso de estudio S04

B04 Ontology-Based Query Expansion for Supporting Information Retrieval in Agriculture	
Información relevante de ontologías	La ontología es una de las técnicas de modelado que poseen el poder de formalmente que representa el conocimiento del dominio.
Modelos u ontologías aplicables al diseño de aplicaciones web	La ontología agrícola IAIF consiste en tres sub ontologías, ontología de dominio, la ontología de recursos y del enlace en la ontología. Un enfoque basado en triple fue utilizado en la creación de la ontología en la que dos conceptos están unidos entre sí.
Ontologías y accesibilidad web	Está diseñado para servir como herramienta de referencia que estandariza la terminología agrícola en varios idiomas para su uso por cualquier número de diferentes sistemas.
Herramienta y metodología utilizada	El autor no define una herramienta o metodología utilizada.
Conclusiones relevantes	La expansión de consultas basado en ontologías es un enfoque alternativo en la recuperación de información

Tabla 5. Caso de estudio S05

B05 Ontology-assisted automatic precise information extractor for visually impaired inhabitants	
Información relevante de ontologías	La ontología se ha desarrollado para compartir la comprensión común de los conocimientos de dominio entre la gente y el software con el fin de ayudar a reutilizar las clases de dominio en lugar de una remodelación de ellos.
Modelos u ontologías aplicables al diseño de aplicaciones web	Nuestra propuesta HOIEV es una arquitectura novedosa que facilita la extracción de la información de alta precisión a partir de fuentes heterogéneas web utilizando un sistema de mando vocal para hacer exacta y oportuna para el usuario con discapacidad visual
Ontologías y accesibilidad web	El autor no presenta una información dedicada a accesibilidad directamente.
Herramienta y metodología utilizada	Se utilizó la herramienta de creación de ontologías Protégé.
Conclusiones relevantes	No se presenta una conclusión relevante.

Tabla 6. Caso de estudio S06

B06 Efficient Information Retrieval Using Domain Ontology	
Información relevante de ontologías	Thomas Gruber, define la ontología como "una especificación explícita de una conceptualización", significa que la ontología describe una relación entre diferentes conceptos semánticos y sus propiedades.
Modelos u ontologías aplicables al diseño de aplicaciones web	Sistema de recuperación de información en el cual, el usuario introduce una consulta y para esa consulta conceptos significativos se extraen mediante la ontología de dominio.
Ontologías y accesibilidad web	La ontología aplicada permite una accesibilidad mejorada mediante la creación de consultas con significado.
Herramienta y metodología utilizada	La herramienta que se utilizó para la creación es Protégé
Conclusiones relevantes	Sistema de recuperación de información (IR) extraer información pertinente en lugar de la lista de documentos que contienen información relacionada

Tabla 7. Caso de estudio S07

B07 UNL Ontology Visualization for Web	
Información relevante de ontologías	El autor no proporciona información de un concepto claro de que es una ontología.
Modelos u ontologías aplicables al diseño de aplicaciones web	Sistema UNL se compone de UNL Ontología, que proporciona el fondo semántica para cada uno Palabras Universal (UW) o conceptos.
Ontologías y accesibilidad web	El autor no presenta una información dedicada a accesibilidad directamente.
Herramienta y metodología utilizada	El autor no define una herramienta o metodología utilizada.
Conclusiones relevantes	Esto ayudará a los usuarios de Ontología UNL, proporcionando una interfaz web interactiva para acceder a las relaciones de Palabras Universales (UW).

Tabla 8. Caso de estudio S08

B08 Ontology Development using Hozo and Semantic Analysis for Information Retrieval in Semantic Web (S08)	
Información relevante de ontologías	Ontología se define como un conjunto de conceptos y relaciones dispuestos en forma jerárquica.
Modelos u ontologías aplicables al diseño de aplicaciones web	Análisis semántico en la recuperación de información basada en ontologías y sistema de búsqueda.
Ontologías y accesibilidad web	El autor no presenta una información dedicada a accesibilidad directamente.
Herramienta y metodología utilizada	Se utiliza el editor Hozo. La metodología propuesta para el desarrollo de ontologías Software Development Life Cycle
Conclusiones relevantes	La ontología es considerada como columna vertebral del sistema de software, por lo que debe estar bien diseñado sin crear ambigüedades.

Tabla 9. Caso de estudio S09

B09 Ontología para el proceso evaluativo en la educación superior	
Información relevante de ontologías	El uso de las ontologías ya es común en áreas como los negocios, finanzas, internet, medicina e industria. En estos dominios las ontologías son usadas para formalizar capitales intelectuales, integrar fuentes de datos, representar y organizar conocimiento, entre otros; es decir, que son una alternativa de representación formal de conocimiento.
Modelos u ontologías aplicables al diseño de aplicaciones web	Construcción de una ontología para el dominio de evaluaciones virtuales, en si mostrar cómo utilizar las ontologías para apoyar la gestión de objetos de Aprendizaje
Ontologías y accesibilidad web	El autor no presenta una información dedicada a accesibilidad directamente.
Herramienta y metodología utilizada	Para la elaboración se usaron la metodología Methontology, que permite la construcción de ontologías a nivel de conocimiento, y la herramienta Protégé que es un software libre de código abierto permite la construcción de ontologías de dominio.
Conclusiones relevantes	Las ontologías son una forma de organizar el conocimiento, una conceptualización del mundo real que provee un vocabulario de un dominio o área de estudio, tal que es posible definir un abecedario común del conocimiento existente para que los sistemas o las personas puedan recuperar o generar nueva información

Tabla 10. Caso de estudio S10

B010 Towards Integration Rules of Mapping from Relational Databases to Semantic Web Ontology	
Información relevante de ontologías	La ontología es muy útil para la representación del conocimiento. La ontología se define como una especificación formal y explícita de una conceptualización compartida.
Modelos u ontologías aplicables al diseño de aplicaciones web	Este trabajo apunta hacia las reglas de integración de la cartografía de base de datos relacional como SQL DDL, esquema y los datos en la ontología de la web semántica como OWL que se acumulan en la parte superior de RDF utilizando RDFS vocabulario y tipo de datos de esquema XML
Ontologías y accesibilidad web	El autor no presenta una información dedicada a accesibilidad directamente.
Herramienta y metodología utilizada	El autor no define una herramienta o metodología utilizada.
Conclusiones relevantes	En este trabajo se presenta un nuevo enfoque para la transformación de la base de datos DDL relación con la ontología web semántica

Tabla 11. Caso de estudio S11

B011 Ontology for Semantic Web using Personalization	
Información relevante de ontologías	La ontología es un método eficaz para el modelado de colecciones digitales y contextos de usuario.
Modelos u ontologías aplicables al diseño de aplicaciones web	La ontología es un método eficaz para el modelado de colecciones digitales y contextos de usuario de perfiles de usuario se emplea comúnmente en la actualidad para mejorar la facilidad de uso, así como para apoyar la personalización, la adaptabilidad y otras características centradas en el usuario.
Ontologías y accesibilidad web	El autor no presenta una información dedicada a accesibilidad directamente.
Herramienta y metodología utilizada	El modelo lleva la herramienta Jena que se utiliza para construir la ontología de dominio y recuperación de la información semántica correspondiente.
Conclusiones relevantes	La ontología proporciona los resultados en función de las preferencias del usuario

Tabla 12. Caso de estudio S12

B012 Ontology Based Description of an Accessible Learning Object	
Información relevante de ontologías	Especificaciones formales explícitas de los términos en el dominio y las relaciones entre ellos.
Modelos u ontologías aplicables al diseño de aplicaciones web	Ontologías que defina una semántica estructurada de contenido y relaciones entre objetos de aprendizaje, sus componentes y sus alternativas.
Ontologías y accesibilidad web	La accesibilidad de los sistemas de e-learning para las personas con alguna discapacidad es un problema común. Por lo tanto, para crear plataformas de e-learning accesibles, necesitamos una aplicación más rica de su contenido pedagógico. Una representación ontológica del objeto de aprendizaje puede ser la forma adecuada. El objetivo de este estudio es presentar un diseño de un modelo de objetos de aprendizaje accesible utilizando un enfoque ontológico.
Herramienta y metodología utilizada	La herramienta que se utilizó para la creación es Protégé.
Conclusiones relevantes	La construcción de contenido pedagógico utilizando nuestra ontología modelo ALOO promoverá su participación reutilización. Que hará que el proceso de extracción de contenido de aprendizaje para la web semántica más fácil.

Tabla 13. Caso de estudio S13

B13 Metodologías y métodos para la construcción de ontologías	
Información relevante de ontologías	Ontologías son teorías que especifican un vocabulario relativo a un cierto dominio. Las ontologías favorecen la comunicación entre personas, organizaciones y aplicaciones porque proporcionan una comprensión común de un dominio, de modo que se eliminan confusiones conceptuales y terminológicas.
Modelos u ontologías aplicables al diseño de aplicaciones web	Ontología construida, que incluye definición de conceptos, y sus relaciones, necesarios para definir el plan de estudios del programa curricular de Artes plásticas.
Ontologías y accesibilidad web	El autor no presenta una información dedicada a accesibilidad directamente.
Herramienta y metodología utilizada	Presenta un análisis comparativo de las diferentes metodologías y métodos existentes en el estado del arte orientados al diseño e implementación de ontologías.
Conclusiones relevantes	Las metodologías, herramientas y lenguajes más relevantes del estado del arte usados como mecanismos de implementación de ontologías, proporcionan múltiples recursos para la formalización del conocimiento, en un determinado dominio.

Tabla 14. Caso de estudio S14

B14 OntPersonal: ontología de personalización para ITINER@, un sistema generador de rutas turísticas basado en información semántica.	
Información relevante de ontologías	Una de las principales ventajas de las representaciones ontológicas es que pueden usarse no sólo para representar información explícita sobre el usuario, sino también para inferir conocimiento implícito.
Modelos u ontologías aplicables al diseño de aplicaciones web	Ontología de personalización para un sistema generador de rutas turísticas basado en información semántica.
Ontologías y accesibilidad web	El autor no presenta una información dedicada a accesibilidad directamente.
Herramienta y metodología utilizada	Se utilizó la metodología Development Ontology-101, y la herramienta Protégé
Conclusiones relevantes	La contribución principal de este trabajo radica en mostrar que el problema de la personalización en los sistemas de recomendación turísticos puede abordarse mediante un enfoque ontológico.

Tabla 15. Caso de estudio S15

B15 Multilingual Food and Heath Ontology Learning Using Semi-Structured and Structured Web Data Sources	
Información relevante de ontologías	Una nueva dimensión de aprendizaje de ontologías es construir una ontología multilingüe. Se necesita tal ontología para muchas aplicaciones tales como acceso a la información en varios idiomas y la extracción de información multilingüe.
Modelos u ontologías aplicables al diseño de aplicaciones web	La ontología construida consta de ontologías monolingües y ontología independiente del idioma.
Ontologías y accesibilidad web	La ontología podría ser utilizada en muchas aplicaciones tales como acceso a la información en varios idiomas y la extracción de información multilingüe para los dominios de Alimentación y Salud.
Herramienta y metodología utilizada	El autor no define una herramienta o metodología utilizada.
Conclusiones relevantes	En este trabajo, se presenta cómo construir una ontología utilizando fuentes multilingües en línea estructurados y semi-estructurados de datos tales como Wikipedia y WordNet.

Revisión sistemática: herramientas web y su incidencia en el desarrollo de producciones científicas

Mario Sánchez-Carrión [1], René Guamán-Quinche [1], Hernán Torres-Carrión [1], y Edison Coronel-Romero [1]

[1] Universidad Nacional de Loja-Área de la Energía, Guillermo Falconí Espinoza, La Argelia, Loja, Ecuador
{mfsanchezc, rguaman, hltorres, edisoncor}@unl.edu.ec
http://www.unl.edu.ec

Resumen. La producción científica es el resultado de un proceso investigativo que incluye el análisis, interpretación de datos, trabajo colaborativo y difusión de resultados. Para el desarrollo de este proceso científico el investigador se apoya en herramientas web que facilitan la construcción, gestión, difusión e incluso evaluación de producciones científicas, tal es la incidencia de las mismas dentro de la investigación que en la actualidad se han convertido en la principal herramienta para cumplir estos objetivos. En el presente artículo se desarrolla una revisión sistemática de literatura cualitativa donde se investiga trabajos realizados como artículos y libros que exponen como las herramientas web inciden en la investigación científica. Herramientas web como: bases de datos, repositorios digitales, redes sociales académicas, etc., que permiten buscar y posteriormente difundir trabajos de investigación.

1 Introducción

Los proyectos de investigación fomentan el continuo desarrollo y generación de producción científica, la misma que se ve reflejada en ponencias, artículos científicos, libros, etc., estos recursos académicos pueden ser compartidos dentro de los diferentes campus universitarios, congresos nacionales e internacionales, revistas indexadas etc., todo ello con el fin de contribuir a la comunidad científica.

Actualmente con el uso del Internet y otras tecnologías se han desarrollado bases de datos científicas, repositorios digitales, etc., donde se puede recurrir para conocer la diversidad de producción científica generada en diferentes ámbitos educativos, lo cual ayuda y fomenta la generación de nuevos conocimientos.

El Internet es un medio que ha permitido la producción y circulación de contenido científico en diferentes contextos educativos, incrementando su presencia y visibilidad en la red [1],[2].

La producción científica es el resultado de una investigación, en la cual se refleja una serie de conocimientos generados durante el proceso investigativo en diferentes campos del saber. Para generar y posteriormente divulgar este conocimiento existen diferentes aplicaciones o herramientas web que hacen un poco más fácil el trabajo del investigador [3].

Es por ello que es importante poner en consideración de la comunidad científica las diferentes herramientas web que permiten al investigador generar conocimiento utilizando aplicaciones que ayudan en gran medida al proceso de construcción, producción y posterior difusión de resultados obtenidos.

2 Antecedentes

Desde hace algunos años las Herramientas web 2.0 han mejorado notablemente la comunicación, permitiendo difundir, compartir y reutilizar el conocimiento entre diferentes personas y en diversos contextos educativos. Estas herramientas se han ido consolidando en diferentes áreas, una de ellas es la investigación científica, por lo que dichas herramientas se han convertido en una pieza fundamental, ya que han ayudado a investigadores en el análisis, desarrollo y difusión de producciones científicas.

Ciertamente existe una basta cantidad de información en la nube, pero para muchos investigadores resulta importante conocer la confiabilidad de dicha información. Para resolver este dilema actualmente existe la forma de evaluar los recursos de información de Internet, se los conoce como indicadores web métricos que toman en cuenta menciones en blogs, visitas, descargas, etc. Actualmente existen herramientas como Google Scholar, Research Gate, Facebook, Twitter, Altmetric, Mendeley entre otras, son usadas para brindar a los investigadores un mayor impacto en sus producciones científicas y que complementando con los indicadores tradicionales como por ejemplo el índice h permiten dar mayor confianza y relevancia tanto autores como sus trabajo investigativos [4], [5].

2.1 Producción científica

Es la parte materializada del conocimiento generado de una investigación previa, contemplando actividades académicas y científicas del investigador. En otras palabras, es el resultado en forma de publicación de trabajos de investigación e innovación en los diferentes contextos educativos [3].

2.2 Herramientas web en la investigación

Actualmente existen varias aplicaciones que han permitido transformar el proceso de recolección y distribución de información, por ejemplo ahora se puede encontrar grandes volúmenes de información en repositorios, bibliotecas digitales, portales web.

Gran parte de la información que se produce ahora es digital y descargable lo que facilita la búsqueda y análisis de información al investigador, asimismo al momento de generar trabajo colaborativo, ahora ya no es necesario estar presentes físicamente, sino que con la ayuda de las Aplicaciones Web (Hangout, Skype, Teamviewer, etc) se puede hacer de forma telemática [2].

2.3. Herramientas web y las producciones científicas

En la actualidad existen varias herramientas web que facilitan cada proceso de la investigación científica, por ejemplo para la revisión bibliográfica existen diferentes repositorios, bibliotecas digitales o bases de datos científicas como EBESCO, ScienceDirect, que proporcionan artículos en texto completo escritos por investigadores [6], [7].

Existe una variedad muy amplia de plataformas y repositorios digitales que albergan información científica, en la Tabla 1 se presenta algunas de las características principales de un conjunto de estas herramientas web que ayudan al investigador en la búsqueda y difusión de investigaciones científicas.

Tabla 1. Aplicaciones web para la búsqueda y difusión de información científica

Aplicación Web	Características
Scielo	• Permite visibilidad, acceso universal a su literatura científica y recuperación de textos completos. • Preserva archivos electrónicos y la producción de indicadores estadísticos de uso e impacto en la literatura científica. • Permite la publicación de revistas científicas a texto completo [8].
EBSCOHost	• Cuenta con una biblioteca electrónica de decenas de miles de revistas, publicaciones, informes y otras publicaciones a texto completo. • Permite guardar los resultados y las búsquedas en línea, inscribir alertas de temas, revistas, y la creación de una página web para que el usuario tenga disponibles los artículos seleccionados para su uso académico [6].
LatinIndex	• Sistema de Información sobre las revistas de investigación científica, técnico-profesionales, de divulgación científica y cultural de los países de América Latina, el Caribe, España y Portugal. • Ofrece tres bases de datos: - Directorio, con datos bibliográficos y de contacto de todas las revistas registradas. - Catálogo, que incluye las revistas impresas o electrónicas que cumplen los criterios de calidad editorial diseñados por Latindex. - Enlace a Revistas Electrónicas, que permite el acceso abierto a los textos completos en los sitios en que se encuentran disponibles [2].

Tabla 1. Aplicaciones web para la búsqueda y difusión de información científica. (Continuación)

Aplicación Web	Características
Dialnet	• Plataforma de recursos y servicios documentales. • Permite la búsqueda avanzada de documentos, tesis doctorales y ediciones de congresos. • Permite la exportación de documentos seleccionados en diversos formatos. • Es uno de los mayores portales bibliográficos del mundo, cuyo principal cometido es dar mayor visibilidad a la literatura científica hispana. • Apoya y promueve la publicación electrónica de revistas científicas. • Posee una herramienta llamada Proeditio, destinada a editores que quieran mejorar la gestión editorial y la visibilidad de sus revistas [4], [9], [10].
Scholar Google	• Enfocado al mundo académico, soportado por una base de datos disponible libremente en Internet que almacena un amplio conjunto de trabajos de investigación científica de distintas disciplinas y en diferentes formatos de publicación. • Permite encontrar nueva información (más actualizada) a partir de un artículo conocido. • Permite al usuario buscar a través de muchas disciplinas y fuentes: artículos, tesis, libros, resúmenes y opiniones de la corte, de las editoriales académicas, sociedades profesionales, depósitos en línea, las universidades y otros sitios web [7], [11], [12].

2.4 Altmetrics

Gran parte de los investigadores toman en cuenta ciertos indicadores que permitan saber el impacto que han tenido sus respectivas publicaciones y producciones científicas de terceros, esto con el fin de saber el nivel de difusión y aceptación que han tenido. Actualmente existen nuevos indicadores que no solo se basan en el índice de Hirst [2], sino que toman en cuenta factores como: número de visualizaciones, descargas del documento, menciona en blogs, referencias y comentarios en redes sociales. Estos nuevos factores se denominan Altmetrics, los cuales informan el interés o impacto que ha tenido determina producción científica en la Web [13], [14], [15], [16].

3 Revisión Sistemática de la Literatura (SLR)

Es una metodología de investigación que permite reunir y resumir evidencia científica necesaria para que sea evaluada e interpretada por el investigador el cual obteniendo los resultados le permita responder ya sea una pregunta de investigación o algún tema de interés.

Una de las principales razones para realizar una revisión sistemática de la literatura es que nos permite comprender un tema en particular en base a diferentes perspectivas de proyectos científicos realizados y así enfocarse a resolver una pregunta de investigación [17].

Para el correcto desarrollo del presente artículo de revisión literaria se ha guiado de la estructura planteada en artículos de Barbara Kitchenham [17] y Biolchini [18], dichas esquemas plantean la formulación del objetivo de la revisión sistemática, formulación de pregunta (s) de investigación, etc. A continuación se pone a disposición del lector los ítems que forman parte de dicha estructura, para posteriormente visualizar el desarrollo de cada enunciado:

- Planificación de la Revisión Sistemática.
  - Objetivo de la Revisión Sistemática de la Literatura.
  - Formulación de pregunta de Investigación.
  - Palabras claves.
- Ejecución de la Revisión Sistemática.
- Análisis de Resultados y discusiones.

3.1 Planificación de la SLR

El proceso de la revisión sistemática de la literatura inicia con la planificación, en el cual se detalla el objetivo por el cual se desarrolla la investigación. Este objetivo debe ser cumplido respondiendo y verificando la pregunta de investigación.

Objetivo de la SLR:

Conocer cómo las herramientas web influyen durante el proceso de investigación (revisión, desarrollo, difusión e impacto) de las producciones científicas.

Formulación de la pregunta de investigación: A través de la revisión preliminar de estudios acerca del tema propuesto se llegó a la siguiente pregunta:

¿Qué aplicaciones web son utilizadas para la gestión y difusión de producciones científicas?

Palabras claves

Se ha realizado una revisión de literatura previa, la cual consistió en analizar artículos, libros y ponencias que permitan identificar las palabras claves que sirven de apoyo para la construcción de la cadena de búsqueda (ver Tabla 2).

Tabla 2: Estudios preliminares y términos

#	Estudio	Términos
E1	**Google scholar citations y la emergencia de nuevos actores en la evaluación de la investigación.**	Google scholar, Google scholar citations, Microsoft academic search, Altmetrics, ISI Web of science, Scopus, Science evaluation, Bibliometrics, indice-h, research evaluations scientific.
E2	**Can tweets predict citations? Metrics of social impact based on Twitter and correlation with traditional metrics of scientific impact.**	Bibliometrics, blogging, periodicals as topic, peer-review, publishing, social media analytics, scientometrics, infodemiology, infometrics, reproducibility of results, Twitter.
E3	**Do Altmetrics Work? Twitter and Ten Other Social Web Services.**	Altmetrics, twitter, social media, data processing, Facebook, research.
E4	**Herramientas para la producción y difusión del conocimiento a través de la Web 2.0**	Web 2.0 knowledge dissemination, university, web social, e-tools, production.
E5	**Mendeley Readership Altmetrics for the Social Sciences and Humanities: Research Evaluation and Knowledge Flows.**	Scholarly communication, webometrics, bibliometrics, mendeley citations, research evaluation.
E6	**A Contribution of Human-Computer Interaction to the New Process of Scientific Communication: The Case of ARCA, a Repository of Fiocruz, Brazil.**	Institutional Repository, Usability, Cooperative Evaluation, Self-archiving, Scientific Communication, research.
E7	**Acceso Abierto: nuevos modelos de edición científica en entornos web 2.0.**	Access to Information, Internet, Periodicals as Topic, Biomedical Research, Publishing, open access, web environment, open access, technologies 2.0.
E8	**La investigación y la edición científica en la web social: La ciencia compartida.**	Social Web, e-Science, Science 2.0, shared science, Virtual Research Environments, Formative Research, digital scientific edition, peer review, cloud computing.
E9	**Factores críticos de éxito en el uso de las redes sociales en el ámbito universitario: aplicación a Twitter.**	Twitter, educational community, social networks, critical factors, university, scientific community, web 2.0.

Tabla 2: Estudios preliminares y términos (Continuación)

#	Estudio	Términos
E10	**Altmetrics: no todo lo que se puede contar, cuenta.**	Altmetrics, Indicadores, alternativos, Indicadores, bibliométricos, Web 2.0, Ciencia 2.0, Alternative indicators, Science 2.0, Bibliometric indicators.
E11	**Altmétricas para la evaluación de la investigación y el análisis de necesidades de información.**	Altmétrics, Citation analysis, information behavior, evaluation of research, Information needs.
E12	**How well developed are altmetrics? A cross-disciplinary analysis of the presence of 'alternative metrics' in scientific publications.**	Altmetrics, Impact Story, Citation indicators, Research evaluation.
E13	**Altmetrics and Other Novel Measures for Scientific Impact.**	Scientometrics, Bibliometrics, Usage-based metrics, Article-level metrics, Metrics for other research works, Author-Level metrics, Post-publication peer review.
E14	**Presencia en redes sociales y altmétricas de los principales autores de la revista "El Profesional de la Información".**	Altmetrics, Metric level author, social Web, Social Networking, Impact, Information, Communication, Professional Information, EPI, Web of Science, Mendeley, CiteULike, Twitter, Slideshare, Author level metrics, web Social, Social networks Library and Information Science, Communication.

El análisis realizado en cada estudio, permitió identificar palabras claves tanto en el título, resumen e índice de términos, donde se fue encontrando similitudes para posteriormente ir creando una lista final de términos.

Selección de Fuentes y estrategias de búsqueda

Fuentes: La lista de fuentes donde se realizaron las búsquedas fue en las siguientes bases de datos científicas (ver Tabla 3):

Tabla 3: Fuentes de motores de búsqueda científicos.

Fuentes	URL
ACM	http://dl.acm.org/
ScienceDirect	http://www.sciencedirect.com/
Scopus	http://www.scopus.com/
IEEEXplore	http://ieeexplore.ieee.org/

Cadena de Búsqueda: Para generar la cadena de búsqueda se utilizarón los conectores lógicos "AND" y "OR", con los cuales se pudo obtener el siguiente resultado (ver Tabla 4).

Tabla 4. Cadena de búsqueda

Cadena de Búsqueda
(("Google scholar citations" OR "MS academic search" OR "e-tools" OR "ISI Web of science" OR "Scopus" OR "Twitter" OR "Facebook" OR "Web 2.0" OR "social media" OR "knowledge dissemination") AND ("Bibliometrics" OR "peer review" OR "publishing" OR "Journal Impact Factor" OR "Research" OR "lack of systematic" OR "web social" OR "scholarly communication")AND ("altmetrics"OR "webometrics")).

Procedimiento para la selección de fuentes primarias.

1. La implementación de la cadena de búsqueda en cada base de datos científica.
2. Las pruebas de cada cadena de búsqueda en los diferentes motores.
3. Aplicación de los criterios de inclusión.
4. Identificación de los estudios relevantes.
5. Aplicación de los criterios de exclusión para obtener los estudios primarios.

Criterios de Inclusión

Para este trabajo con el fin de encontrar la mayor cantidad de estudios que sirvan para cumplir con el objetivo planteado se han considerado los siguientes:

- **Idioma:** Español e Inglés para la cadena de búsqueda.
- **Motores de Búsqueda:** ACM, ScienceDirect, IEEEXplorer, Scopus.
- **Fecha de publicación:** 2011-2016.
- **Tipos de Producciones Científicas:** artículos publicados, libros, ponencias.
- **Población:** La población que se ha definido está directamente relacionada con el objetivo que se ha propuesto por lo que las revisiones de los estudios que se han seleccionado serán afines a la misma.

Criterios de Exclusión

Los estudios que no han sido relevantes en esta investigación se han excluido mediantes tomando en cuenta los siguientes criterios:

- Las búsquedas que se realizaron en los motores de cada base de datos científica fueron avanzadas tomando en cuenta el resumen, título e índice de términos específicamente.
- Se realiza un análisis de cada estudio que permita depurar cada uno de ellos con el fin de identificar los más relevantes.

3.2 Ejecución de la SLR

A continuación se muestra el desarrollo del proceso de búsqueda en cada base de datos científica para obtener los resultados más relevantes de esta investigación:

Ejecución de la selección de fuentes en ScienceDirect
TITLE-ABS-KEY(("Google scholar citations" OR "MS academic search" OR "e-tools" OR "ISI Web of science" OR "Scopus" OR "Twitter" OR "Facebook" OR "Web 2.0" OR "social media") AND ("Bibliometrics" OR "peer review" OR "publishing" OR "Journal Impact Factor" OR "Research" OR "lack of systematic" OR "web social" OR "scholarly communication")AND ("altmetrics"OR "webometrics")

Ejecución de la selección de fuentes en Scopus
TITLE-ABS-KEY(("Google scholar citations" OR "MS academic search" OR "e-tools" OR "ISI Web of science" OR "Scopus" OR "Twitter" OR "Facebook" OR "Web 2.0" OR "social media") AND ("Bibliometrics" OR "peer review" OR "publishing" OR "Journal Impact Factor" OR "Research" OR "lack of systematic" OR "web social" OR "scholarly communication")AND ("altmetrics"OR "webometrics")) AND PUBYEAR > 2010

Ejecución de la selección de fuentes en IEEEXplore
(Google scholar OR Microsoft citations OR ISI Web of science OR Scopus OR Web 2.0 OR social media) AND (Bibliometrics OR peer review OR publishing OR Journal Impact Factor OR Research OR web social) AND (altmetrics OR webometrics)

Ejecución de la selección de fuentes en ACM
(("Google scholar citations" OR "MS academic search" OR "e-tools" OR "ISI Web of science" OR "Scopus" OR "Twitter" OR "Facebook" OR "Web 2.0" OR "social media") AND ("Bibliometrics" OR "peer review" OR "publishing" OR "Journal Impact Factor" OR "Research" OR "lack of systematic" OR "web social" OR "scholarly communication")AND ("altmetrics"OR "webometrics"))

Criterios de selección de estudios
Para el cumplimiento del objetivo principal los resultados de las búsquedas deben cumplir algunos de estos criterios de selección.

- Las herramientas web que ayudan a los investigadores para poder desarrollar la búsqueda, la gestión o la difusión de sus producciones científicas.
- La importancia que toman las herramientas web dentro del campo de la investigación.
- Los beneficios de usar las herramientas web dentro del proceso investigativo.

Extracción de la información
Los criterios antes mencionados de inclusión, exclusión y de selección, permitieron identificar diferentes artículos, libros y ponencias que han servido para cumplir con el objetivo principal de este trabajo, por lo cual por cada producción se ha sintetizado la información de acuerdo a los siguientes elementos:

- Aspectos Relevantes de las herramientas web en la investigación.
- Herramientas web para producir, gestionar o difundir la producción científica.
- Dificultades abordadas.
- Conclusiones.

Estudios incluidos y excluidos
El análisis de estudios encontrados se realizó en base a los criterios de inclusión, selección y exclusión.

El total de búsqueda obtenido fue de 105 entre artículos, libros y ponencias de los cuales 14 se encuentran repetidos y aplicando los criterios mencionados anteriormente se han escogido 16 artículos que ayudan a cumplir el objetivo de esta investigación.

3.3 Análisis de Resultados y Discusiones

Se ha realizado un análisis previo donde se evalúa cada estudio discriminando artículos que tienen criterios comunes, estos fueron descartados quedándose con los artículos más relevantes, en la tabla 5 siguiente se muestra uno de los 9 estudios seleccionados, la tabla con los restantes se encuentran al final de este documento en el apartado de Apéndice.

Tabla 5. Análisis de resultados de la cadena de búsqueda utilizada

S1 Altmetrics: Present and Future	
Aspectos Relevantes de las herramientas web en la investigación.	- El artículo analiza cómo las herramientas como Blogs, Twitter. Mendeley, ResearchGate entre otros, permiten una comunicación profesional y científica. - Estudio demuestra cómo las menciones realizadas en twitter pueden predecir futuras citaciones. - Los altmetrics son métricas alternativas para evaluar el factor de impacto de una producción científica.
Herramientas web para producir, gestionar o difundir la producción científica	**Microblogging:** Twitter **Administrador Social de Referencias**: Mendeley **Herramientas especializadas en altmetrics:** - citedin - altmetric - ImpactStory - PLOS (PUBLIC LIBRARY OF SCIENCE)
Problemas abordados	Altmetrics ha ido evolucionando en estos últimos años dentro de la investigación pero aun para muchos autores de producciones científicas no es de gran relevancia tomarlas en cuenta.
Tipo de análisis	Se presentan los resultados de panelistas que demuestran la utilidad de alternativas métricas de varios interesados: Investigadores, Editores, Bibliotecarios.
Conclusiones	El desarrollo de estas tecnologías dentro de la investigación estará influenciado por su constante crecimiento como la

aceptación y análisis de los que las utilicen.

Principales Hallazgos

- El trabajo S1 presenta un análisis de altmetrics con diferentes interesados (investigadores, bibliotecarios y editores), los mismos que detallan diferentes opiniones de la utilidad de las herramientas web dentro de la investigación. Cabe destacar que se menciona la utilidad de aplicaciones de Social Media como Twitter, de administración de referencias como Mendeley, y especializadas para calcular los indicadores alternativos (altmetrics) como son: Citedin, Altmetric, ImpactStory.
- La investigación S2 propone un método para recoger, filtrar y realizar la sensibilidad de estudios para agregar valor científico a las mismas. Además propone una metodología en base a un análisis de problemas como:
  - Filtrar contenido científico.
  - Calcular mediantes altmetrics.
  - Clasificar y recomendar estudios de contenido científico.
- Los trabajos S3, S7, S8 presentan un análisis de herramientas de Social Media, Blogs, Bibliotecas Digitales que hacen bastante énfasis en herramientas como Twitter, Facebook, Blogger las cuales son utilizadas por investigadores para mejorar la visibilidad de sus producciones científicas e interactuar con otros investigadores, estos estudios realizados proponen diferentes métodos para dividir y evaluar si sus producciones científicas obtiene un mayor impacto.
- ResearchGate una red social para investigadores es una poderosa herramienta para medir el factor de impacto a través de los altmetrics en el estudio S4 se realiza un estudio y una correlación entre las métricas de la red social y las métricas de Scopus, dando como resultado que cada vez más las dos herramientas son complementarias para dar más valor a las producciones científicas.
- El incremento de las herramientas web 2.0 cada vez se hace más relevante dentro de la investigación científica llegando incluso a proponer métricas alternativas como son las mencionados en S6:
  - Social Bookmarking.
  - Redes sociales, blogs y enciclopedias.

  En este artículo se menciona varias herramientas que ayudan al cálculo de estas métricas:
    - Bibliotecas y gestores de referencias digitales.
    - Redes y medios sociales.
- Herramientas de Google como Youtube y una mención especial a Google Scholar que gracias al respaldo que tienen del buscador cada vez son más relevantes para diferentes áreas del conocimiento y dentro de la investigación no es la excepción en el caso de Youtube en el trabajo S8 se muestra como videos de la red social han sido citados en varios trabajos publicados en Scopus.

Mientras que el trabajo S9 se realiza un análisis de cómo Google scholar provee su información científica analizando los dominios académicos.

4 Conclusiones

- El desarrollo de herramientas web dentro de la investigación científica proveen muchos beneficios como la gestión y difusión de las producciones científicas, esto permite que al investigador se le facilite el desarrollo de las diferentes fases del proceso investigativo.
- La producción científica es el resultado de un arduo trabajo de investigación, en el cual se ha invertido tiempo, recursos yconocimientos todo ello con el fin de contribuir y motivar a la generación de nuevos conocimientos científicos.
- Las tecnologías web han permitido que el trabajo del investigador científico se torne un poco más sencillo, ya que además de permitir buscar y obtener información académica actualizada, se pueden generar grupos de trabajo colaborativo y sobre todo permite estar en contacto con otros investigadores para intercambiar opiniones o información relevante para generar producción científica de calidad.

Lista de estudios seleccionados en la revisión sistemática de literatura.

S1. SIG/MET, S.B.A., Judit, B.-I., Cassidy, S., Willian, G., Stefanie, H., Stacy, K., Vincent, L., Jennifer, L.: Altmetrics: Present and future - panel. Proc. Am. Soc. Inf. Sci. Technol. 50, 1–4 (2013).

S2. Hadgu, A.T.: Mining Scholarly Communication and Interaction on the Social Web, http://dx.doi.org/10.1145/2740908.2741749 LB - AgNLk, (2015).

S3. Barthel, S., Simon, B., Sascha, T., Benjamin, K., Patrick, S., Wolf-Tilo, B.: What does Twitter Measure?, http://dx.doi.org/10.1145/2756406.2756913 LB - aZSDp, (2015).

S4. Shrivastava, R., Rishabh, S., Preeti, M.: Relationship amongst ResearchGate altmetric indicators and Scopus bibliometric indicators. New Libr. World. 116, 564–577 (2015).

S5. Bornmann, L., Lutz, B.: Do altmetrics point to the broader impact of research? An overview of benefits and disadvantages of altmetrics. J. Inf. 8, 895–903 (2014).

S6. Torres-Salinas, D., Cabezas-Clavijo, álvaro, Jiménez-Contreras, E.: Altmetrics: New indicators for scientific communication in web 2.0. Comunicar. 21, 53–60 (2013).

S7. Peters, I., Isabella, P., Lisa, B., Parinaz, M., Jens, T.: Scientific bloggers under the altmetric microscope. Proc. Am. Soc. Inf. Sci. Technol. 49, 1–4 (2012).

S8. Kousha, K., Thelwall, M., Abdoli, M.: The role of online videos in research communication: A content analysis of YouTube videos cited in academic publications. J. Am. Soc. Inf. Sci. Technol. 63, 1710–1727 (2012).

S9. Aguillo, I.F.: Is Google Scholar useful for bibliometrics? A webometric analysis. Scientometrics. 91, 343–351 (2012).

S10. Thelwall, M., Haustein, S., Larivière, V., Sugimoto, C.R.: Do altmetrics work?

Twitter and ten other social web services. PLoS One. 8, e64841 (2013).

S11. Alhoori, H., Furuta, R.: Do altmetrics follow the crowd or does the crowd follow altmetrics? In: Proceedings of the ACM/IEEE Joint Conference on Digital Libraries. pp. 375–378 (2014).

S12. Alperin, J.P.: Geographic variation in social media metrics: an analysis of Latin American journal articles. Aslib J. Inf. Manag. 67, 289–304 (2015).

S13. Kwak, H., Haewoon, K., Lee, J.G.: Has much potential but biased: exploring the scholary landscape in twitter Pages 563-564, http://dx.doi.org/10.1145/2567948.2576956 LB - a7hP, (2014).

S14. Chavda, J., Patel, A.: Measuring research impact: bibliometrics, social media, altmetrics, and the BJGP. Br. J. Gen. Pr. 66, e59–61 (2016).

S15. Yu, M.C., Wu, Y.C.J., Alhalabi, W., Kao, H.Y., Wu, W.H.: ResearchGate: An effective altmetric indicator for active researchers? Comput. Human Behav. 55, 1001–1006 (2016).

S16. Costas, R., Zahedi, Z., Wouters, P.: The thematic orientation of publications mentioned on social media: Large-scale disciplinary comparision of social media metrics with citations. Aslib J. Inf. Manag. 67, 260–288 (2015).

Referencias

1. Tallarico, G.: Comunicación de instituciones científicas en entornos web: una experiencia en producción. Fundam. en Humanidades. XIII, 269–284 (2012).
2. Fajardo, J.C.: Herramientas para la producción y difusión del conocimiento a través de la Web 2.0. (2015).
3. REBIUN, R.D.B.U.E.: Ciencia 2.0: Aplicación de la web social a la investigación. (2011).
4. Eysenbach G. Can tweets predict citations? Metrics of social impact based on Twitter and correlation with traditional metrics of scientific impact. J Med Internet Res. 2011;13(4):e123.
5. Mohammadi E, Ehsan M, Mike T. Mendeley readership altmetrics for the social sciences and humanities: Research evaluation and knowledge flows. Journal of the Association for Information Science and Technology. 2014;65(8):1627-1638.
6. Research Databases for Public Libraries | EBSCO, https://www.ebscohost.com/public.
7. About Google Scholar, https://scholar.google.com/intl/en/scholar/about.html.
8. Modelo SciELO: Sobre el SciELO: SciELO - Scientific Electronic Library Online, http://www.scielo.org/php/level.php?lang=es&component=44&item=1.
9. Descripción , Fundación Dialnet, http://www.fundaciondialnet.es/dialnet/descripcion/.
10. Thelwall M, Haustein S, Larivière V, Sugimoto CR. Do altmetrics work? Twitter and ten other social web services. PLoS One. 2013;8(5):e64841.
11. Borrego Á, Ángel B. Altmétricas para la evaluación de la investigación y el análisis de necesidades de información. El Profesional de la Información. 2014;23(4):352-358.
12. Torres-Salinas D, Daniel T-S, Yusnelkis M-G. Presencia en redes sociales y altmétricas de los principales autores de la revista El profesional de la información. El Profesional de la Informacion. 2014;23(4):367-372
13. Veiga VSO, da Silva Alves A, Rejane M, Pimenta DN, da Silva CH, da Conceição Carvalho M. A Contribution of Human-Computer Interaction to the New Process of Scientific Communication: The Case of ARCA, a Repository of Fiocruz, Brazil. In: Communications in Computer and Information Science. ; 2014:268-273.

14. Veiga de Cabo J, de Cabo JV, Helena M-R. Acceso Abierto: nuevos modelos de edición científica en entornos web 2.0. Salud Colect. 2011;7(0):19.
15. Guzman Duque AP, Duque APG. Factores críticos de éxito en el uso de las redes sociales en el ambito universitario: Aplicación a twitter. doi:10.4995/thesis/10251/28212.
16. Fenner M, Martin F. Altmetrics and Other Novel Measures for Scientific Impact. In: Opening Science.; 2013:179-189.
17. Kitchenham, B.: Procedures for performing systematic reviews. Keele, UK, Keele Univ. 33, 28 (2004).
18. Biolchini, J., Mian, P.G., Candida, A., Natali, C.: Systematic Review in Software Engineering. Engineering. 679, 165–176 (2005).

Apéndice

Tabla 5. Análisis de resultados de la cadena de búsqueda (Estudio S1)

S1 Altmetrics: Present and Future	
Aspectos Relevantes de las herramientas web en la investigación.	- El artículo analiza cómo las herramientas como Blogs, Twitter. Mendeley, ResearchGate entre otros, permiten una comunicación profesional y científica. - Estudio demuestra cómo las menciones realizadas en twitter pueden predecir futuras citaciones. - Los altmetrics son métricas alternativas para evaluar el factor de impacto de una producción científica.
Herramientas web para producir, gestionar o difundir la producción científica	**Microblogging:** Twitter **Administrador Social de Referencias:** Mendeley **Herramientas especializadas en altmetrics:** - citedin - altmetric - ImpactStory - PLOS (PUBLIC LIBRARY OF SCIENCE).
Problemas abordados	Altmetrics ha ido evolucionando en estos últimos años dentro de la investigación pero aun para muchos autores de producciones científicas no es de gran relevancia tomarlas en cuenta.
Tipo de análisis	Se presentan los resultados de panelistas que demuestran la utilidad de alternativas métricas de varios interesados: Investigadores, Editores, Bibliotecarios.
Conclusiones	El desarrollo de estas tecnologías dentro de la investigación estará influenciado por su constante crecimiento como la aceptación y análisis de los que las utilicen.

Tabla 5. Análisis de resultados de la cadena de búsqueda (Estudio S2). (Continuación)

S2. Mining Scholarly Communication and Interaction on the Social Web	
Aspectos Relevantes de las herramientas web en la investigación.	- Investigadores cada vez más están usando aplicaciones de la web 2.0 para comunicarse con otros investigadores. - Tecnologías permiten encontrar expertos, contenido científico, calcular la atención del público y el impacto, pero se deben tomar diferentes aspectos para analizar y filtrar esta información para que sea relevante dentro de la Investigación científica. **- Metodología para filtrar usuarios:** - Enlazar perfiles de Investigadores. - Filtrar contenido científico. - Calcular mediantes altmetrics. - Clasificar y recomendar estudios de contenido científico.
Herramientas web para producir, gestionar o difundir la producción científica	**Tecnologías web 2.0:** - Wikipedia, Twitter.
Problemas abordados	- Existen varios retos con los que se enfrentan los investigadores cuando usan tecnologías web 2.0 como Twitter, wikipedia, Blogs, entre otros. Estos retos son el de filtrar el el contenido científico, identificar expertos y calcular el impacto.
Tipo de análisis	Se analiza a través de diferentes enfoques como las herramientas web pueden ayudar a resolver diferentes problemas dentro del campo científico.
Conclusiones	El uso de herramientas de la web social aumenta la visibilidad de producciones científicas. El desarrollo de aplicaciones de este tipo aprovecha el poder de la web social y la combina con la publicación académica utilizando enfoques basados en datos para que sea fácil de filtrar y aprovechar lo mejor de la humanidad - la ciencia y los descubrimientos científicos.

Tabla 5. Análisis de resultados de la cadena de búsqueda (Estudio S3). (Continuación)

S3. What does Twitter Measure? Influence of Diverse User Groups in Altmetrics	
Aspectos Relevantes de las herramientas web en la investigación.	- Altmetrics: intentan reflejar el impacto de las publicaciones en la web social. - Experimentos muestran que diferentes usuarios de twitter pueden tener una influencia significativa o no dentro de las métricas.
Herramientas web para producir, gestionar o difundir la producción científica	- Bibliotectas digitales - PLOS - twitter - Facebook
Problemas abordados	Posibles indicadores negativos relativos al uso de herramientas web como: aparición de spam en la web social, la reputación, malos artículos, o falsas predicciones lo que permite desconfiar del uso de las mismas.
Tipo de análisis	Estudio Basado en la herramienta PLOS con más de 70000 artículos proponiendo un método para separar usuarios por campo de interés y experticia.
Conclusiones	El método experimenta e identifica diferentes grupos de usuarios con el fin de ir relacionando sus publicaciones científicas y las métricas tanto con los bibliometrics como con los altmetrics.

Tabla 5. Análisis de resultados de la cadena de búsqueda (Estudio S4). (Continuación)

S4. Relationship amongst ResearchGate altmetric indicators and Scopus bibliometric indicators	
Aspectos Relevantes de las herramientas web en la investigación.	- **ResearchGate** provee diferentes métricas tales como: - Publicaciones, Ver perfil, Ver publicaciones, Citas, Puntos de Impacto, RGScore - Las métricas de ResearchGate como las de Scopus muestran que las dos están muy relacionadas esto permite dar más impacto a la web 2.0 dentro de la investigación.
Herramientas web para producir, gestionar o difundir la producción científica	- ResearchGate - Scopus
Problemas abordados	Una de las limitaciones en este estudio se encuentra en que cada vez más y más diferentes tipos de usuarios se registran en ResearchGrate por lo que en un futuro los resultados propuestos puedan cambiar.
Tipo de análisis	Realiza un estudio y hace una correlación entre los indicadores altmetrics y bibliometrics los cuales los realiza usando perfiles de ResearchGate y Scopus respectivamente.
Conclusiones	El estudio encuentra que la correlación entre los indicadores de ResearchGate y Scopus está aumentando debido a que más investigadores complementan las dos herramientas para que sus publicaciones obtengan más relevancia.

Tabla 5. Análisis de resultados de la cadena de búsqueda (Estudio S5). (Continuación)

S5. Do altmetrics point to the broader impact of research? An overview of benefits and disadvantages of altmetric.	
Aspectos Relevantes de las herramientas web en la investigación.	**Beneficios** - Amplitud - Diversidad - Rapidez - Sinceridad **Desventajas** - Comercialización - Calidad de Datos - Evidencia perdida - Manipulación
Herramientas web para producir, gestionar o difundir la producción científica	- Social Media - Wikipedia - Web Of Science - Scopus
Problemas abordados	El uso de altmetrics para evaluar las producciones académicas en la web poseen varios beneficios pero al mismo tiempo grandes desventajas por lo que no se debería reemplazar las métricas tradicionales sino complementarlas con las mencionadas.
Tipo de análisis	Realiza un Análisis de ventajas y desventajas de usar los altmetrics dentro de la investigación científica.
Conclusiones	El uso de altmetrics dentro de la investigación tiene sus riesgo al encontrar diferentes factores que influyen a no calcular correctamente ciertas publicaciones, pero al realizar por medio de una metodología o mediante un análisis se encuentran muchos beneficios tomar en cuenta estas métricas.

Tabla 5. Análisis de resultados de la cadena de búsqueda (Estudio S6). (Continuación)

S6. Altmetrics: new indicators for scientific communication in Web 2.0	
Aspectos Relevantes de las herramientas web en la investigación.	Altmetrics: las menciones en blogs, el número de retweets o el de personas que guardan un artículo en su gestor de referencias puede ser una medida válida del uso de las publicaciones científicas. El SJR se basa en el algoritmo del PageRank de Google. El uso de herramientas de la web 2.0 ha permitido a científicos difundir y recepcionar información científica. Altmetrics proporciona datos a nivel de artículo (Neylon & Wu, 2009) lo que permite valorar la repercusión de los trabajos, más allá de la fuente de publicación del mismo. Entre las principales medidas propuestas por las altmetrics se mencionan: • Social Bookmarking, Redes sociales, Menciones en Blogs y enciclopedias.
Herramientas web para producir, gestionar o difundir la producción científica	**1. Bibliotecas y gestores de referencias Digitales:** - Delicious, CiteUlike, Connotea, Mendeley. **2. Redes y medios Sociales** **2.1. Redes sociales Generales:** • Facebook • Google+ • Twitter **2.2.Redes sociales Académicas:** • Academia.edu • Research Gate **2.2. Blogs Generales:** • Blogger • Wordpress **2.3. Blogs Académicos:** • Nature Blogs • Research Blogging **2.4. Bibliotecas** • Wikipedia, Scholarpedia
Problemas abordados	Difícil de elegir una herramienta con garantías de continuidad a mediano y largo plazo. Para el uso de estas herramientas se debe tomar en cuenta que aún existen problemas como teóricos (significado), metodológicos (validez de fuentes) y técnicos (normalización).
Tipo de análisis	Realiza un análisis descriptivo de algunas herramientas web e indicadores principales de las medidas altmetrics y un estudio de trabajos que hayan recibido estas métricas.
Conclusiones	Las herramientas web 2.0 permiten dar una mejor visibilidad a las producciones científicas gracias a los altmetrics que pueden complementar a los indicadores clásico.

Tabla 5. Análisis de resultados de la cadena de búsqueda (Estudio S7). (Continuación)

S7. Scientific Bloggers under the Altmetric Microscope	
Aspectos Relevantes de las herramientas web en la investigación.	Los usuarios científicos obtienen retroalimentación de sus publicaciones científicas a través de Herramientas como Blogs y Twitter.
Herramientas web para producir, gestionar o difundir la producción científica	- Twitter, - Blogs
Problemas abordados	Si bien los blogs y herramientas como Twitter brindan mayor exposición de los trabajos investigativos, al tener todo tipo de usuarios utilizándolas puede afectar significativamente su evaluación
Tipo de análisis	Realiza un análisis de diferentes Blogs y cuentas en Twitter de como autores científicos utilizan estas herramientas.
Conclusiones	- Los científicos que usan Blogs y herramientas como twitter publican sus trabajos para que sus publicaciones científicas tengan mucha más relevancia.

Tabla 5. Análisis de resultados de la cadena de búsqueda (Estudio S8). (Continuación)

S8. The Role of Online Videos in Research Communication: A Content Analysis of YouTube Videos Cited in Academic Publications.	
Aspectos Relevantes de las herramientas web en la investigación.	- Gracias a Youtube algunos científicos académicos han dado a conocer sus actividades, permitiendo exponer al mundo sus investigaciones lo que ha permitido darles a las mismas mayor relevancia. - El grado de relevancia que ha tenido Youtube en diferentes áreas se ha reflejado en la exposición de grandes autores usando esta herramienta. Autores de talla mundial lo han utilizado con fines de demostrar sus actividades científicas. Un ejemplo claro es el de Stephen Hawking en una conferencia hablando acerca del universo el cual ha recibido más de 2.5 millones de visitas lo que demuestra la importancia que se le debe tomar a esta herramienta, que puede llegar a diferentes partes del mundo.
Herramientas web para producir, gestionar o difundir la producción científica	- Youtube - Scopus
Problemas abordados	En algunas áreas académicas (ciencias sociales) no son conscientes que el uso de Youtube mejora la comunicación científica y mejora sus publicaciones.
Tipo de análisis	Realiza un Análisis de 1808 publicaciones en Scopus con al menos un video de Youtube citado.
Conclusiones	El estudio demuestra que los videos de Youtube están siendo citados cada vez más en publicaciones científicas específicamente.

Tabla 5. Análisis de resultados de la cadena de búsqueda (Estudio S9). (Continuación)

S9. Is Google Scholar useful for bibliometrics? A webometric analysis	
Aspectos Relevantes de las herramientas web en la investigación.	- Google Scholar es la base de datos desarrollada por Google Inc. para proporcionar acceso a la literatura científica mundial. - Es construido a partir de la combinación de un número indeterminado de grandes bases de datos. - Ha aumentado el volumen de contenidos que indexa directamente desde la web, especialmente de dominios de repositorios académicos.
Herramientas web para producir, gestionar o difundir la producción científica	- Web of Knowledge - Scopus - Google scholar - Microsoft Academic Search.
Problemas abordados	Uno de los grandes problemas es que si bien usa repositorios académicos para indexar mucha de la información que presenta no se encuentra estructurada de manera adecuada o existen producciones que no están respaldas por revistas científicas.
Tipo de análisis	Se realiza un análisis web métrico de los dominios institucionales que se encuentran en google scholar.
Conclusiones	El uso de Google Académico para los propósitos bibliométricos o evaluación se debe hacer con mucho cuidado, especialmente en relación con los artículos que no se solapa con las bases de datos de citas como Scopus o Web of knowledge.

Una visión sobre la adopción industrial de MDE (Ponencia Magistral)

Jesús J. García-Molina[1]

Universidad de Murcia, Campus de Espinardo 30100-Murcia, España,
`jmolina@um.es`

Resumen La práctica de la Ingeniería del Software Dirigida por Modelos (Model-Driven Software Engineering, MDE) es considerada como un factor clave para conseguir mejorar la productividad y calidad del software. El enfoque MDA (Model-Driven Architecture), lanzado por OMG a finales del 2000, sentó las bases de MDE y desplazó el interés desde los objetos a la generación automática de código a partir de modelos. Desde entonces el interés por MDE, sobre todo desde el lado académico, crece continuamente. Sin embargo, los principios y técnicas de MDE todavía no han llegado a ser ampliamente usados en la industria. Pero es cierto que la adopción de una nueva tecnología o paradigma requiere de un período de tiempo hasta alcanzar la madurez exigida a una práctica industrial. En esta charla se analizará cuál ha sido la evolución de MDE a lo largo de los últimos quince años y se discutirá qué posibilidades tiene de convertirse en una práctica extendida como sí sucedió con la tecnología orientada a objetos. Se presentarán caso de éxito e informes sobre el estado actual de MDE y los retos para convertirse en una práctica ampliamente extendida.

Aprendizaje de algoritmos: sistemas interactivos y dificultades de los alumnos (Ponencia Magistral)

J. Ángel Velázquez[1]

Universidad Rey Juan Carlos, Madrid, España,
angel.velazquez@urjc.es

Resumen El desarrollo y evaluación de herramientas informáticas es una de las líneas principales en la investigación en aprendizaje de la programación. Se presenta el uso de diversos sistemas interactivos para el diseño y análisis de algoritmos, sobre todo el sistema de visualización SRec y los sistemas de experimentación GreedEx y OptimEx. Para cada sistema, se presentan sus características principales y diversos usos en asignaturas de programación o de algoritmos. También se presentan varias evaluaciones realizadas y los resultados obtenidos, resaltando en las dificultades y malas concepciones detectadas en los alumnos.

Índice de Autores